Russische Zone

Christoph Meckel
Russische Zone

Erinnerung an den Nachkrieg

Mit Graphiken des Autors

Libelle

Die letzten Tage des Kriegs und die ersten des Nachkriegs glichen einander grau in grau. Für das Wort *Frieden* war die Zeit zu früh, ich hatte es öfter im Krieg als danach gehört. Viel helle, harte Courage schien nötig, ein Weiterleben für menschenmöglich zu halten. Zukunft, das Wort war mager geworden wie die, die es riefen, es war in ihm kein Jubel und keine Gewissheit, es irrte herum ohne Zuständigkeit, alt geworden, kaputt wie alles und jeder, es war eine Last. Die Stadt Erfurt, in der wir am Leben waren – zwei kleine Brüder und ich, das *Dienstmädchen* Lucie und meine Mutter im Haus ihrer Eltern –, lag in Trümmern und blieb darin liegen, die Ziegelschuttstraßen, Ruinen, Gerümpelberge blieben ohne Ende sich selbst überlassen. Ohne Anlass stürzten Mauern zusammen, ein Windstoß genügte. Er schleifte erstickenden Staub in Wirbeln durch die weiten Gegenden Menschenleere, in die sich die Randbezirke verwandelt hatten.

Beißender Gestank von Qualm und Zunder, nassem Dachziegelgeröll, verfaulenden Tieren, aus verschütteten Kellern Schwaden von Übelgeruch, Aas und Verfall lebendiger Stoffe – kein Erwachsener, den ich kannte, kam in die Ruinen hinunter – verschlammtes Moos auf Treppensteinen stank wie die Nässe, die zwischen Mauerresten zusammentropfte, in Tümpeln Morast und gräulicher Schimmer war.

Die Amerikaner – die *Amis* – waren da, wohnten in Häusern der überlebenden Deutschen, die krochen unter *irgendwo* und verschwanden, man sah die Ausquartierten vielleicht nie wieder. Die Amis waren Befreier, sie waren willkommen, Militärs mit lässiger Gangart und freundlichen Köpfen, ihre Fahrzeuge parkten unbewacht in den Straßen, das erschien als

Zeichen ihrer Gutartigkeit. Der Ami wurde beliebt dafür, dass er Kaugummi unter Kindern verteilte, aus Jeeps und Lastwagen vor ihre Füße warf, und Ritterkreuze gegen *Fressalien* tauschte – das waren Corned-Beef-Büchsen und Schokolade, und, wenn Glück dazu verhalf, Kaffee und Tabak. Sie spielten Fußball in den schmalen Straßen, drei Tage später befreiten sie Buchenwald. Andere kamen an ihre Stelle und blieben, sie waren Amerikaner wie die Ersten, lachten und kickten Fußball wie die Ersten, tauschten Ritterkreuze gegen Fressalien, und für die Kinder war der Chewinggum da. Mit den Amis kam Musik in die freudlosen Tage. Zum ersten Mal hörte ich Tanzmusik, Blues und Cowboy-Songs aus geöffneten Fenstern. Es wurde gepfiffen und mitgesungen, im Koffer mit Antenne herumgetragen, und schallte laut aus offenen Jeeps und verschlossenen grünen Bussen der Armee.

Durch die Wälder im Westen über Erfurt war die Front in die Stadtrand-Siedlungen vorgerückt. Danach war verboten, in die Wälder zu gehn, Blindgänger lagen herum, Munition und Waffen, tote Soldaten und zivile Leute, die, in der Angst vor Luftangriffen und obdachlos geworden, die Stadt verließen, und sich eingegraben hatten im Steigerwald. Ich weiß heute nicht, wie es mir gelang, allein und unbemerkt in die Wälder zu kommen. Allein, und offenbar ohne Angst und Schauder, lief ich weite Strecken durch zermalmtes Strauchwerk, auf zerwühlten Waldböden kreuz und quer, ließ die Toten liegen, nahm mit, was herumlag – Brotbeutel, Stahlhelme, Brillen und Briefe – und warf sie weg, bevor ich die Wälder verließ. Unverrückbar schwarz und schwer standen ausgebrannte Panzer im Unterholz, ihre Geschütze schienen auf mich gerichtet, und auf meinen Rücken, wenn ich an ihnen vorbei war.

Offenbar ohne Angst und Schauder – das Ende des Kriegs war ein Abenteuer, das so elend wie neugierig machte und tödlich sein konnte, egal ob der Mensch erwachsen oder ein Kind war – ich war, das glaubte ich, von Gefahr verschont. Von meinen Wegen und Abwegen wusste niemand, mich fragte keiner, wo ich gewesen war. Dreck und Armeleutekleider waren normal, es gab nicht solide Erscheinung und weiße Hemden. Der noch in Häusern lebende Deutsche glich ungefähr denen, die ihn bedrohten – Marodeure, Gesindel, Fluchtgestalten. *Polacken* war eine Bezeichnung für jeden, der in Baracken existierte, sich draußen in der Nacht zu schaffen machte.

Im amerikanischen Juni nach Ende des Weltkriegs wurde ich sanglos-klanglos zehn Jahre. Wir überlebten und lebten weiter, aus dem Haus der Großeltern wegquartiert – die Militärbehörde war gnadenlos, das gebrochene Bein der Großmutter war ihr egal – im vierten Stock eines bombenbeschädigten Wohnblocks am Westrand Erfurts. Unterm Fenster verlief eine Katzenkopf-Straße, von verirrten Granaten der Deutschen zu Steinschutt verhackstückt – Erfurt wurde zuletzt aus dem Zentrum mit fünf oder sechs Geschützen verteidigt. Gegend der Bombentrichter, verwüsteter Gärten, öder Feldflächen bis an den Steigerwald. Das waren Kohlfelder – sie erschienen mir endlos – vor der Ernte von allen Seiten gerecht beklaut, danach von Hungernden in Besitz genommen. Kinderhände, Altweiberfinger rupften wie Viehmäuler schnell und geübt die zurückgelassenen Reste Kohl; noch einmal fand der vorletzte Hunger bescheidene Reste in Staub und Schlamm; packte der letzte Hunger zum letzten Mal, was von Blatt und Strunk kaum noch sichtbar herumlag.

Nach wenigen Wochen waren die Amerikaner zum neuen Weltbild der Deutschen geworden. Die Gewissheit, im Westen am Leben zu sein, beruhigte den Menschen, der übrig war, und belebte seinen Wunsch nach menschenmöglicher Zukunft. An der nahen Kreuzung, von der Veranda aus sichtbar, war ein Checkpoint improvisiert für jeden, der im Untergrund den Krieg überlebte, Verfolgung und Urteil entkommen war. Plakate und Lautspecher machten die Stelle bekannt. Es kamen Irregestalten zum Vorschein, die hier niemand gesehn noch vermutet hatte, Knochengeschöpfe in Lumpen, unschlüssig, verhuscht, von entschlossenen Gesichtern hingeführt, Männer und Frauen, allein, ohne Kinder. Ich hatte kein einziges Kind bemerkt und konnte mir denken, dass es Leute gab, die keinen Grund hatten, an den Checkpoint zu gehen. Wäre ich hingegangen? Ich wusste es nicht. Ich hätte mich ohne Checkpoint befreiter gefühlt.

Es erschien auch ein alter Offizier – aus dem Ersten in den Zweiten Weltkrieg verschlagen – in zerknitterter Uniform, behängt mit Orden, nachdrücklich hinkend in ausgetretenen Stiefeln. Er salutierte vor den verblüfften GIs, übergab eine Waffe, wurde abgeführt, in der nächsten Querstraße stand ein geschlossener Jeep. Das geflüsterte Wort der Nachbarn hieß *Deserteur*, mir wurde versichert, dass ihm nichts

passierte. *Dem zieht man die Uniform ab und lässt ihn laufen.* Woher der Mensch kam, wurde nicht bekannt.
Das erste Spielzeug erschien: der *Bollerwagen.* Ein Brett auf vier kleinen Rädern – Kugellager –, mit beweglicher Vorderachse und starker Schnur, war ein Fahrzeug, das die meisten Jungen besaßen. Bäuchlings auf dem Brett balancierend, aneinandergedrückt zu zweit oder dritt, mit Sohlen und Spitzen der Kriegsschuhe bremsend, wummerten couragierte Knilche die Trottoire hinunter, nahmen die einzige Kurve mit Bravour und blieben vorm Pfarrhaus im wuchernden Unkraut stehen. Der Krawall der Vehikel war ein Friedensspektakel, ungefähr laut wie die Raupenketten der Panzer, vom Geschrei anfeuernder Kinder hell begrüßt. In den Lärm des Nachkriegs gehörten Detonationen, aus Nähe und Ferne ein Fanal der Vernichtung, das konnten Menschen und Tiere gewesen sein, Sabotage, Zufall, ein Tritt auf die Mine; Konvois von schweren Lastwagen und Transpor-

tern, die, mit Geschützen beladen, die Stadt verließen; Jaulen, Dröhnen, Schlackern starker Motoren, das in die Keller der Häuser hinunterdrang; Gelächter und Rufe der Militärs, ihre wildfremde Sprache; metallisches Flappen tieffliegender Helikopter, und scharfe Trompetenstöße an allen Tagen, wenn am Mittag ein Uhr, nach der Essensausgabe, die Feldküche frei war, die Köche verschwanden, Flucht vor dem alltäglichen deutschen Hunger, der mit Schüsseln und Kannen zu den Kesseln drängte.

An einem Sommertag ohne Wetter und Wärme – ich erinnere kriegsgrauen Dunst, der den Abend vorwegnahm – hörte ich aus Richtung der Arnstädter Straße, hundert Meter von der Veranda entfernt, ein Geräusch, unheimlicher als die Explosion einer Bombe. Was ich hörte, nicht hören wollte, weiter hörte, war Gewimmer vieler Menschen – es waren Menschen –, schluchzender, fassungsloser nach jeder Sekunde, Schreiauf aus Elend, Panik, Entsetzen, dass ich aus der Veranda und aus dem Haus und, so schnell ich konnte, zur Arnstädter Straße lief. Durch den jagenden Atem, die Klappschläge meiner Sandalen, hörte ich: Der Weltraum zersprang in Gesplitter, im zusammenschlagenden Donner von Holz, Stein, Eisen – danach war Stille, die Straße leer. Zögernde Neugier starrte aus Fensterspalten. Einzelne Frauen und ein paar Kinder rannten aus Häusern an der Stelle zusammen, die von herumgeschleudertem Zeug blockiert war, standen da wie ich und erkannten nichts. Ein paar Militärfahrzeuge kehrten um, wer zu Fuß unterwegs war sah hin und lief weiter. Ein Unglück war mit sich selbst und dem Ort allein.

An der Mauerecke des Stadions, im Bogen der Straßenkurve, von der Wucht der Beschleunigung rausgeschmissen – die Bremsen versagten, das wusste ich später – hingen querüber Trümmer eines Lasters, der Holzvergaser lag einzeln und qualmte schwach. In den Resten des schweren

Fahrzeugs, an der Mauer des Stadions, hingen Menschen, Teile von Menschen und Sachen, Arme, Köpfe, Hosenbeine, die sich bewegten, bewegen wollten, nicht mehr bewegten. Es war die Ladefläche eines Lasters, aus dem Thüringer Wald unterwegs – wohin – überfüllt mit Menschen, stehend, hockend, liegend – Hamsterfahrer, erschöpfte Landser, Landlose, Hauslose, Fluchtvagabunden – ihre Rucksäcke, Koffer, Kinderwagen – bewusstlose Unbekannte, verwüstete Köpfe – die ersten Toten nach dem Krieg.

Was seit den ersten Tagen des Nachkriegs in Erfurt und von Tag zu Tag die arme Hoffnung verstörte, war ein Hörensagen, das unüberhörbar wurde, sich als Bedrohung und Spuk, dann als Tatsache wiederholte, als Gerücht in allen Stimmen und Tonarten laut war – *die Zeit der Amerikaner geht vorbei – das Militär wird aus Thüringen abgezogen – Teile des Landes fallen an die Sowjets, Teile Berlins an die USA – als Folge eines Vertrags der Siegermächte, der gegen Ende des Kriegs zustande kam – die deutschen Grenzen werden neu gezogen – das deutsche Gebiet bleibt auf vier Zonen verteilt.*

In den Häusern wurden Landkarten aufgeschlagen. Mit Stricknadeln, Bleistiften, Fingerspitzen wurde Erfurt umkreist, nach Osten und Westen geschoben, und zweifelnd, verzweifelnd von Westen nach Osten zurück. Die Großmutter verging in ihrem Jammer, der durch die teppichgetrennten Zimmer greinte, meine kleinen Brüder zu Tränen erschreckte, den mürrischen Großvater finster machte. Das Dienstmädchen Lucie saß allein in der Küche, sie wurde nicht gefragt und wusste nichts. Von einer Zukunft schien sie nichts haben zu wollen. Das erbitterte Feilschen um die zukünftigen Grenzen erschien ohne Sinn und gab mir die Überzeugung, dass Erfurt in Zukunft zum russischen Osten gehörte. Ein Kind ist ahnungslos, es kann nichts wissen, und soll nach dem Willen der Mutter ahnungslos bleiben, aber ich hatte Ahnungen oft ertragen, sie waren stärker als ich und der gute Glaube der anderen, und waren, wie ich, nicht froh, im Recht zu sein. Wurde ein Unglück befürchtet und abgestritten, wusste ich tausendundeinmal: Das Unglück kommt. Es kommt ohne Gruß und verhandelt nicht. Ich allein schien den Stachel zu spüren, bevor er verletzte.

Sechs Wochen nach dem Einzug der Amerikaner war die Große Pause, der flüchtige Frieden war vorbei. Ein Jeep kam im Schritttempo durch die Straßen gefahren, in ihm zwei Offiziere und der Chauffeur, neben ihm ein Zivilist mit Brille und Hut. Er sprach deutsche Sätze in ein Megaphon, die Stimme schlug schleppend laut von den Mauern zurück: *vollständiger Abzug der amerikanischen Truppen – ihrer Hilfskräfte und Fahrzeuge – ihres Begleitpersonals und ihrer Familien.* Der Tag, der genannt wurde, stand nach drei Tagen bevor. Die Ankündigung wurde wiederholt, sie wurde ohne Pause wiederholt. Ich hörte sie neun Mal, neunzehn Mal, dann wurde sie um die Ecke gefahren und verschwand, nicht mehr verständlich, in anderen Straßen.

Die Arnstädter Straße hinauf verschwand ein langer Konvoi, wie mir schien ohne Anfang und ohne Ende. Lärm der Vorüberfahrt in gedrosseltem Tempo, winkende Militärs, Musik in den Bussen – es war möglich, dass ich mich verhörte –, und noch einmal fiel *Chewinggum* in die Haufen winkender Leute, die an Gartenzäunen, auf Trottoiren gedrängt, gern Freude vorgetäuscht hätten, und einige schluchzten. Jedermensch wusste, radikaler als ich, dass die menschenmögliche Zeit zu Ende war. Als die Arnstädter Straße lautlos und leer zurückblieb, verzog ich mich mit ungreifbar grauen Gedanken, vertrödelte Missmut und schlimme Gefühle und blieb auf den Straßen allein. Mich begleitete Ahnung in verwirrender Vielfalt. Ahnung, das wusste ich später, kommt nicht in der Einzahl vor.

Am Abend des Tages zogen Lucie, meine Mutter und ich mit den Brüdern und Großeltern in unser Haus zurück. Die einquartierten Flüchtlinge kamen wieder – ein Schuster mit Frau und Werkzeug, zwei polnische Witwen –, man sah sich wie früher in der gemeinsamen Küche und brachte Brot und Fett aus den Zimmern mit. Das Haus war in allen Räumen demontiert, Geschirr zerschlagen, das Radio in Teile zerlegt, Scherben, zerschnittene Bücher, verstreute Knöpfe, der Nähtisch lag flach und leer mit gebrochenen Beinen, Bilder und Fensterflügel beiseite geschichtet, kein

Ding befand sich am Platz, der ihm früher gehörte. Die Großmutter klagte, die Mutter versuchte zu trösten, das Dienstmädchen schwieg und fing mit dem Aufräumen an. In anderen Häusern fehlten Parkett und Gardinen, die Kohlen in unserem Keller lagen noch da. Die Erde des Gartens zwischen Holzzaun und Hecke war an mehreren Stellen aufgewühlt und achtlos zugeschüttet mit Erde und Kies. Ich fand Geschirr in den Löchern und Corned-Beef-Büchsen, Patronen, Unterwäsche und Zündholzschachteln, das Laub des Birnbaums von Feuer zerstört, geschrumpfte, trockene Blätter im toten Gras. Kein Mensch fand für diesen Zustand eine Erklärung. Die Hälfte der GIs waren Neger gewesen. Die netten Amis blieben rätselhaft.

Auf den Abgang der Amerikaner folgte ein Toter Tag. *Ausgangssperre*, das Wort galt uneingeschränkt, wer sich draußen zeigte, wurde verhaftet, er konnte ohne Warnung erschossen werden. Der eine Tote Tag war

für mich ein Erleben, das ohne Bilder und Lärm die Erinnerung bedrängt.
Ich belauerte den Toten Tag in der Veranda zur Straße hin. Der Vorbau war mit Möbeln vollgestellt, schwarzledernen Sesseln, schweren Ausziehtischen, um für die Einquartierten Platz zu schaffen, vor allem die Witwen beanspruchten immer mehr. Die Straße blieb leer bis in die Dunkelheit und leer in der Nacht, die ich schlaflos hörte, ihre Verlassenheit schien gereinigt wie nie, als sei sie gewaschen und getrocknet worden. Die amerikanischen Fahrzeuge waren fort, die Katzenkopfsteine lagen an ihrer Stelle, alle Fenster blieben nach Vorschrift geschlossen, hinter Gardinen und Scheiben kein Mensch zu sehn. Es war und blieb der stillste Tag meiner Kindheit. Das Lautlose, hörbar, sichtbar, erschien als Gesetz, das die eigenen Geräusche gefährlich machte. Ein umgestürzter Stuhl im Haus – das konnte gehört worden sein bis ans Ende der Welt – brachte Schuld und Vernichtung über uns.

Am Nachmittag rollte geräuschlos, als ob er schwebe, ein Jeep mit bewaffneten Männern über die Kreuzung, weder Zivilisten noch Amerikaner, in Verkleidungen dunkel eingeschnallt, Macht- und Schreckphantom einer Geisterstunde, einzige Patrouille an diesem Tag. Sie verschwand in der Humboldtstraße, nichts war passiert. Ich hatte – das konnte verboten sein – als Einziger das einzige Fahrzeug gesehn, das in der leer geräumten Welt unterwegs war.
Der folgende Morgen war frei für alle. Von der Stille des Toten Tags schien nichts übrig geblieben, der Auftritt marschierender GIs blieb aus, es fehlten Militärfahrzeuge und Jeeps. Das frühere Krankenhaus, die Kaserne der Amis, stand leer mit verödeten Fenstern und offener Einfahrt, ich sah den verwüsteten Park vom Dachfenster aus. Unterwegs auf der Abkürzung zur Gemüsebude – um Lucie abzulösen, die Schlange stand, seit dem frühen Morgen mit Frauen und alten Männern –, kam

ich durch eine Straße, die leer war wie immer, mit beschädigten Fabriken außer Betrieb, und an diesem Morgen verändert schien. Auf der Straße vor mir stand eine fremde Sache, ich sah hin und wusste: *Der Russe ist da!* Ein alter Wagen mit Deichsel und einem Pferd, das Tier war struppig, stark und sein Fell verdreckt. Auf den Wagenbrettern, unter zu kurzer Plane, lag ein formloser, graugelber, dicker Klumpen, und ich konnte erkennen, dass es Butter war. Ich blieb stehn und sah mir die dreckige Butter an. Nicht weit von dem Wagen stand auf der Straße ein Mensch, allein, mit nichts beschäftigt, und schien zu warten, und ich war froh: Er wartete nicht auf mich. Im Abstand, den die schmale Straße mir freigab, ging ich, als wäre nichts, an ihm und dem Pferd vorbei. Im Vorübergehen sah ich, dass er Asiate war, ein kleiner Soldat in Stiefeln und fleckiger Bluse, er sah mich kommen und gehn und nickte mir zu. Ich nickte zurück und machte, dass ich davonkam. An der Gemüsebude sagte ich nichts, und zu Lucie allein: unsere Abkürzung sei gesperrt.

Als ich Kartoffeln im Netz nachhause schleppte, brach auf der Arnstädter Straße Getöse aus. Das musste der angekündigte Russe sein. Er schepperte, wummerte, krachte die lange Straße vom Wald herunter, die betäubende Stärke nahm zu, als er näher kam. Ich stellte die Kartoffeln ab vor der Haustür – was auf Treppen herumstand, konnte gestohlen werden – und lief zur Arnstädter Straße in den Tumult.

Vom Steigerwald die breite Straße herunter zog weit auseinandergerückt, in seltsamer Eile, die russische Armee in das Zentrum der Stadt. Kleine hölzerne Wagen mit vier Rädern, von staubigen Pferden gezogen, beladen mit Hausrat, Koffern, prallvollen Säcken, Matratzen und Bettzeug, wehender Unterwäsche, von asiatischen, russischen Familien besetzt, uralten bärtigen Männern, massigen Weibern – *dreckige Vorhut der Russkis, Steppengespenster* – Bezeichnungen, die in den Häusern der Deutschen entstanden. Es sah aus, als würden die Pferdewagen von Panzern und Lastwagen in die Stadt getrieben. Im klappernden, krachenden Durcheinander, das die Breite der Straße in Anspruch nahm, sah ich Offiziere auf Fahrrädern strampeln, die, wie ich wusste, gestohlen waren. Wer sich am Rand dieser Piste aufhielt, konnte umgerissen werden, zerquetscht, überfahren, denn kein Russe nahm einen Deutschen wahr. Der Russe wälzte vorbei im Verlauf vieler Stunden, in drängendem Tempo, betäubt von Erschöpfung und Eile, bis die Straße leerer wurde am Ende, und leer blieb. Vereinzelte Fahrzeuge dröhnten spät vorbei, Nachzügler oder Nachhut bis in die Nacht. Im Halbschlaf hörte ich Krach von Rädern und schlief gegen Morgen ein.

Von diesem Tag an lebten wir, schwer atmend, unter der russisch-sowjetischen Nebeldecke, die alles bedeckte und alles durchdrang, was vorhanden war und mit uns geschah. *Russische Besatzung* und *Kommandantur* waren Schlagschattenworte, die das deutsche Dasein beherrschten. Die Privatheit war fremdbestimmt, blieb aberkannt, von der Willkür dauernder Razzia infrage gestellt. Tod und Gefangenschaft hatte die Männer verschlungen, Hunger und Kälte, das Hausen in Unterquartierung hielten Traum und Lebensgefühl in der Defensive, es gab keine Hintertür in die Zukunft hinaus. Sechs Jahre später las ich in einer Ballade: *Es galt, die neue Ordnung einzuführen / und Durst und Steppe in ein Land des Weins.*

Möglich, dass es den Kindern besser ging als ihren Eltern und ihrer erwachsenen Verwandtschaft. Ich beobachtete alles, ahnte viel, und hatte vorm eigenen Erleben keine Angst. Die Neugier war stärker. *Der Russe* stellte etwas Wildes dar, sein Lachen und Brüllen, Rempeln und Saufen waren nicht zu begreifen, aber ich glaubte ihm. Russe, der Russe war *Gottes Barbar.*

Im Nachkrieg hatte ich hart und von Grund auf verstanden, dass Deutscher zu sein kein Triumph, vielleicht keine Chance war. Es machte mir keine Sorgen, das war was für später. Die Gegenwart war ein schlechter Traum für viele, und für mich der lebendige Teil eines Schattenspiels mit den Toten. Von den Verbrechen der Deutschen erfuhr ich nichts. Ich hatte die Toten in den Trümmern gesehen, zerquetscht, verkohlt, halbiert, in Zuständen Fäulnis und Blut. Der gequälte Mensch war, was mich schlaflos machte.

Mein Erinnern bleibt schattenlos hell, es verwehrt mir nichts, verklärt und verschleiert nichts von Krieg und Nachkrieg, Entsetzen und Tod. Es ist der Versuch einer Spiegelung dessen, was das zehnjahralte Kind im Tagtraum erfuhr; was mir gehören musste, weil ich es sah; was unabweisbar wirklich wurde, weil das Gedächtnis es festhielt und nicht wieder preisgab.

Die erste russische Willkür, die ich erfuhr, drang in unser Überleben als *Razzia* ein. In den Wiederholungen war kein System zu erkennen, Razzia erschien und verschwand, wie der Russe es wollte. Vor allem in der ersten Besatzungszeit war Razzia ein Rüpelspiel russischer Marodeure. Bewaffnete Mannschaften rudelten durch die Straßen, in Nähe und Ferne schlugen Schüsse ein. Auf unsere Türklingel drückte ein russischer Daumen, er hatte Kraft und Zeit nach eigenem Ermessen, es gefiel ihm, die Klingel scheppern und schrillen zu lassen. Mit hartem Schwung flogen Fäuste auf Tür und Klinke, das Türholz krachte, hielt aber stand. Meinem Großvater stand es zu, an die Tür zu gehn, den Schlüssel zu drehn, die Klinke zu bewegen. Die Tür schlug nach innen auf, flog gegen den schweren, schwachen Mann, an Schädel, Schulter, Ellenbogen, ich sah ihn schwanken, er taumelte gegen die Wand. Ob sich sechs oder sechzehn Russen über die Schwelle drängten, sie hingen zusammengedrückt im Türrahmen fest, brachen in einzelne Körper auseinander, stolperten, ließen Gewehre fallen, kippten dicht an dicht in den dunklen Flur. Der Großvater stand wie bestraft zwischen Wand und Tür.

Waren Offiziere dabei, passierte der Tritt in das Haus ohne Krach und Fluch. Was folgte, war in allen Fällen verschieden. Es kam der Befehl mit Stimmkraft und starken Gesten: *Alle Bewohner hier her und ab in den Keller!* Man kam überstürzt am Fuß der Treppe zusammen, wurde gezählt, herumgeschoben und in der Küche zusammengedrängt. Passierte das in der Nacht, am frühen Morgen, kam eins nach dem andern im Negligee dieser Notzeit: barfuß in Stiefeln, das Haar in die Mütze gestopft, mit Decke und Handtuch behängt, in mehreren Mänteln. Gänsemarsch verstörter Gestalten auf der eng verwinkelten Treppe zum Keller hinunter – Lucie, die Kinder, die Großeltern und die Mutter, die von zu viel Kleidung verdickten polnischen Witwen und der stille Schuster mit seiner erschrockenen Frau. Man verteilte sich auf die Liegestühle und Kisten, die von den Bombenangriffen geblieben waren, und fing mal wieder mit Fürchten und Hoffen an, begann zu warten auf irgendwen oder

-was: Kommandos, Anschnauzer, Fragen der Offiziere, und den schweren, erschöpften Aufstieg in das veränderte Haus: Wäschekorb und Schränke standen offen, in den Schrankfächern fehlten Silberbesteck und Spielzeug, die Skatkarten waren weg, drei Zentner Kleidung verschwunden – vor allem die Kleiderbügel und Hüte fehlten – Haustür und Fenster zugeschlagen, man war von dem Knall im Keller zusammengeschreckt. Das Haus war in allen Räumen durchsäuert vom russischen Dunst – Gestank verdreckter Uniformen, Machorka, Wodka, Schweiß und ein fremder Übelgeruch, der mich an nichts, was ich kannte, erinnern wollte. Einmal kam vor, dass ein Hauch Parfüm zurückblieb – süßer Zauber für die entwöhnte Nase – Merkmalgeruch eines Offiziers, der als *Schönster* lang in Gesprächen der Nachbarschaft lebte. Jede Razzia suchte versteckten Schmuck und konnte nichts finden. Der Wildwein wurde von den Mauern gerissen, zum Vorschein kam ein Vogelnest oder nichts. Das runtergesäbelte Blattwerk füllte Küchenbalkon und Sandkasten ohne Sand, die Gartenwege verschwanden im Laub. Als Laub und Holz getrocknet waren, am Ende des ersten russischen Sommers, vernichtete mein Feuer die Reste des Wildweins.

Die zweite Razzia war lebensgefährlich. Drei Offiziere, gefolgt von Soldaten, marschierten geordnet von Haus zu Haus, ich stand am Verandafenster und sah sie kommen. Sie bewegten sich mit beklemmender Ruhe, unbewegte Gesichter, Erscheinung des Unheils. Ihre Art, in die Häuser zu gehn und sie zu verlassen, demonstrierte ein Recht, das keinem Plünderer zustand. Ein Soldat und drei Offiziere betraten das Haus, wir wurden in deutscher Sprache korrekt begrüßt, der Name meines Großvaters hing im Raum. Man nahm Platz in Sesseln, auf Stühlen und Chaiselongue, ich wurde zu Lucie in die Küche geschickt, meine Brüder saßen dort schon am Tisch. Ich sah, bevor ich den Raum verließ, es wurden Papiere aufgeschlagen, in Händen gehalten, gelesen und weggelegt. Die Soldaten standen vorm Haus und verteilt im Garten. Aus dem Zimmer des Schusters kam kein Laut. Nach den polnischen Witwen wurde nicht gefragt.

Viel Zeit schien vergangen – ich wusste nicht, wie sie verging – als die Türe des Zimmers endlich geöffnet war. Die Großmutter ging voraus mit weißem Gesicht, der Großvater wehrte sich, den Raum zu verlassen, meine Mutter schien halb erfroren, sie war erschöpft. Die Offiziere betraten den Flur zuletzt. Der Großvater wehrte sich mit schwingenden Armen, versuchte sich umzudrehn, drängte zurück in den Raum. Ungeheures Gebrüll brach aus dem zitternden Mund. Er packte die Tasche eines Offiziers, warf sie zu Boden, stand im Flur und röhrte. Das Röhren des Mannes, der fast sprachlos lebte, nie die Stimme hob, in mürrisches Schweigen versunken, schütterte durch das Haus, Gewalt aus Wut und Verzweiflung. Die Großmutter fasste den Arm eines Offiziers, es war eine Bitte,

und sie schwieg, meine Mutter erschien, ihre Stimme klang laut und fremd, was sie rief oder schrie wurde nicht gehört. Die Offiziere hielten Contenance, der begleitende Soldat stand unbeteiligt, kein Soldat von draußen erschien im Haus. Die Großmutter, die ihren Mann nicht liebte, erreichte, dass er zuhause blieb. Die Offiziere verschwanden schnell, der kleine Bruder in der Küche heulte.
Wenn Razzia vorbei war, stand und saß man herum. Der Zustand des Einzelnen und aller zusammen war furchtbar. *In die Glieder gefahren* hieß der Satz, der Stachel steckte im Menschen fest, war kein einzelner Stachel mehr und ließ sich nicht rausziehn. Lucie saß erschlafft am Küchentisch, wie konnte man wissen, sie war eine junge Frau. Es brauchte den Tag und die Nacht, um zur Ruhe zu kommen, aber zur Ruhe kam keiner allein. Es wurde zu viel und durcheinander gesprochen, erschöpft geschwiegen, mit Tränen gekämpft. Es musste geredet werden, auch ich wollte

sprechen, das war die Erlösung – einzige Erlösung, die uns gehörte und die ich, gebeutelt und fieberhaft froh, mit den andern teilte.

In der ersten Zeit, als Razzia gefährlich war, ohne Unterschied alle und jeden ins Unrecht setzte, ging in Erfurt eine Geschichte um, die blieb im Haus der Großeltern unbekannt.

Gesprochen wurde von einem Haus in der Nähe Erfurts. Dort wurde ein Russe gefunden, lange tot, er schien eingeschlossen worden, verdurstet, verhungert, ein gewöhnlicher Soldat wie Millionen Russen. *Allein krepiert*, das schien von Bedeutung zu sein. Man wusste: Ein russisches Leben war wenig wert. Die Läden und Fenster waren von außen vernagelt, die Türen verschlossen, die Kellerfenster vergittert, wer im Haus war, kam nicht mehr zum Vorschein. Es wurde keine Waffe im Haus gefunden. Der Russe tobte, wummerte gegen die Wände, stand hinter zerschlagenen Scheiben und schrie in die Gegend, und kein Mensch war da, der ihn sah oder hörte und hinkam. Es hieß: Eine Zeit verging, bis es still war im Haus. Das wurde berichtet, es schien nicht erfunden zu sein.

Für den ersten Schulunterricht nach dem Krieg in Erfurt war kein Schulhaus und keinerlei Unterkunft da. Die *Himmelspforte* war von Bomben beschädigt und wurde instand gesetzt, so gut es ging, das zog sich hin, es gab keine Arbeiter mehr. Das einzige Material, in Fülle vorhanden, waren Steine der Trümmerhaufen und Abrissruinen. Der halbe Stein war ein Wert, gesucht und gesammelt, er wurde mit dem Hammer zurechtgeklopft, was kleiner als halb war verfiel zu Gescherbel, das kam auf die Schuttberge und die Schotterstraßen. Es wurde gehandelt mit allem, was Blech und Metall war, der Schrotthändler war der Geschäftsmann der neuen Zeit.

Da kein Schulhaus gezaubert werden konnte, wurden Räume gesucht, die über Heizung verfügten. Sie lagen halbstundenweit auseinander, in Straßen und Häusern, die ich jetzt kennenlernte. Eine Lehrerin, Gestalt einer zeitfernen Dame, gab Unterricht in eigenen Zimmern, die Kinder hockten auf Teppichen, Stühlen, Chaisen, auf schönen alten Tischen und unter ihnen, lasen Texte, die sie nicht brauchten und bald vergaßen. Sie trödelten danach durch die Kälte draußen, auf dem langen Weg zur Fabrik an der Arnstädter Straße. Dort wurden Schuhe hergestellt, die ersten Sandalen und Stiefel nach dem Krieg, Holzpantinen für Kinder und Stiefel aus dicken Pappen, ein paar Schritte im Schnee lösten Sohlen in Sülze auf. Aus der überheizten Fabrik ging ein Herbstregenweg in das Pfarrhaus. Ein angeheiztes Zimmer war frei gemacht, in ihm wurde bitterernst *Schule* gespielt, bis das Zimmer kalt war. In solchen Räumen lernte ich nichts, und konnte, was ich gelernt hatte, nicht behalten. Verwarnungen, Zeugnisse, Strafen gab es nicht. Die Lehrer, meist Frauen, waren private Menschen, ihre freundliche Mühe war für die Kinder gut. Sie liefen die Winterwege, ohne zu klagen, nicht jedes Kind hatte Mütze und Handschuhe an. Ich ging im zu langen Trainingszeug des toten Onkels, ein gestrickter Pullover war mein bestes Stück.

Die Himmelspforte war eine riesige Schule. Ich erinnere Einzelheiten, der Zusammenhang fehlt. Dass die Flure rot-grün gestrichen waren, in den Nationalfarben der Sowjetunion. Dass Übelgeruch und Düsternis alle Schulklassen füllte. Dass zu viele Kinder gedrückt in zu wenigen Bänken saßen. Dass *in der Schule sein müssen* Zeitverlust war, die Tage zerstörte, mir bitter aufstieß. Ein schwerer, stumpfer Ernst regulierte Stunden und Pausen. Kein Lehrer war vor dem Kriegsende Lehrer gewesen, kein Chef, kein Lehrer kam zurecht mit sich selbst, mit seiner Aufgabe, mit seinem Rollenspiel. Sie waren Heimkehrer aus der Gefangenschaft, erschütterte Bildungsbürger, gutwillige Frauen, in übereilten Schnellkursen orientiert. Sie standen vor den Kriegskindern ohne Erfahrung, ihre hilflosen Mühen wurden respektiert, von Hohn und Verweigerung noch nicht brüskiert. Sie wurden in Ruhe gelassen wie die Kinder. Ein freudloser Frieden hielt Schüler und Lehrer zusammen.

Der erste Schulausflug führte ins Thüringer Land. Eine autobusähnliche *Arche auf Rädern* transportierte dreißig Kinder zu einem Gasthof, der grasgrüne Waldmeisterbrause verkaufte, das war ein Erlebnis für mich, ein Triumph für alle. Die Arche entließ den Ausflug *ins Grüne* und kehrte leer nach Erfurt zurück. Der Lehrer, ein rotes Gesicht, halbheimlicher Trinker, verschwand in der Küche des Gasthofs und blieb verschwunden, wurde lange gesucht von den Schülern und nirgends gefunden. Die Kinder standen in nichts als *Gegend* da – mit ihren Rucksäcken, den geschmierten Broten –, als der Lehrer auf einem Motorrad an ihnen vorbeifuhr, auf dem Hintersitz eine Frau, die sich an ihm festhielt, sie schrie und lachte und winkte wie er. Der Anblick verschwand auf dem Fahrweg nach Petersberg. Der Lehrer kam nicht ins Gasthaus zurück und nicht in die Schule.

Ich wollte wie alle nach Hause, solange noch Tag war. Die Richtung stand fest seit der Morgenfahrt in der Arche, zerbrochene Wegweiser lehnten an Steinen im Gras. Ein Rudel entschlossener Stadtgänger schlurfte los, ihre Brote waren verschlungen, die Rucksäcke leer, die Waldmeisterbrause klebte süß im Mund. Ein paar Stunden weit trabten die Füße und Schuhe zusammen, die Gegend schien von Mensch und Tier verlassen, und der Sommer war kühl auf der Straße unter den Bäumen. Der Nachmittag kam, und es blieb dabei, dass Erfurt fern im Abend vor ihnen lag. Wer sich ins Unkraut setzte am Straßenrand, schleppte sich am Straßenrand endlos dahin und schleppte sich weiter. Als der Abend kam, wurde auf die anderen gewartet, ich saß im Gras und ließ meine Beine liegen, kam aber wieder hoch und trottete weiter. Ein paar andere hielten sich wie ich auf den Beinen, einer des andern Mitläufer auf der Walze. *Man macht den Russen nicht auf sich aufmerksam,* die Faustregel war hier bedeutungslos. Autos der Russen mit Staubwolke fuhren vorbei, im

Konvoi und einzeln, ich ruderte mit den Armen, aber kein Fahrzeug hielt.

Russischunterricht war das eiserne Kernstück der Schule, russische Sprache die Hauptsache allen Lernens, vier Stunden Russisch an jedem Tag, eine Hoffnung erstickt im Hoffnungslosen der Zone, der Alltag der Deutschen stagnierte dahin. Russisch lernen, lernen müssen – ich ahnte noch nicht, was das in Zukunft hieß, und war ein paar Tage stark mit Lernen beschäftigt. Russisch unterrichten war Sache von Frauen. Lehrerinnen in Uniform, mit bekannten Orden auf Brust und Kragen, Täfelchen, bunt gereiht und nicht zu entziffern. Soldatinnen der Armee waren meine Lehrer, militärisch grün verpackte, kalte Personen, metallische Stimmen, perfekt und mit hartem Akzent, die laut zwei Sprachen in den Raum tönen ließen, Frauen, die Abschreck und Peinigung für mich wurden. Was aus Auftritt und Lautstärke dieser Personen herausschlug, war Verachtung, Abweisung, Hass auf die Deutschen und mich, nicht abzuwehren, nicht runterzuwürgen, sodass mich von russischer Sprache nicht viel erreichte. Die Erwartung – *Russische Sprache!* – verlor sich in grauem Erstaunen, danach in Empörung, die Hoffnung war weg. Ich lernte Russisch nach Regel und Vorschrift, machte die Schulaufgaben ohne Hilfe, die kyrillische Schrift blieb Bildgeheimnis und Zauber, eine Partitur, die ich umsetzen lernte in Wörter und später im Westen vergaß.

Der Leiterwagen war unser Familienfahrzeug. An Rollschuhe, Schlittschuhe konnte sich niemand erinnern, und Fahrrad war ein Vehikel der Vorkriegszeit. Der Bollerwagen war eine neue Erfindung, der die Mittagsruhe der Großmutter störte. Altmodische Undinge hingen und standen im Haus – ein Hirschgeweih über dem Großvatersessel, ein Behälter voll stinkender Pfeifenköpfe und im Flur Spazierstock des Alten in klassischer Machart, der massiv und humorlos seinen Ausgang bestärkte.

Nichts wäre aus uns ohne Leiterwagen geworden. Er brachte die Sachen ins Haus, von denen wir lebten: das gestohlene Holz aus Steigerwald, Stadtpark, Stadion; Zellstoff in schweren Rollen, bettwärmend im Winter; Ritterkreuze der Nazizeit in Bündeln, beschafft von mir für den Tausch gegen Fett, Mehl, Zucker. Die Hälfte des Zuckers waren Sägespäne, aus dem grauen Mehl wurden Würmer und Steine gesiebt.

Wer den Leiterwagen brauchte, verschwand mit ihm oder lieh ihn vom Großvater aus, er gab ihn ungern frei. Er war der Werkzeugmeister des Hauses, seine Werkstatt befand sich im Keller hinter den Kohlen. Dort häufte sich, was von Diebstahl und Razzia zurückblieb – Nägel, Zange, Schraubenzieher, zusammengerollte Seile der Schaukel, die während des Sommers im Birnbaum hing. Es stapelten sich Teller und Puddingschüsseln, verbrauchte Vorhängeschlösser und alte Bleche. Der kleine Fuchsschwanz hing dort, die Wespenflasche und der Laubrechen mit der tanzenden, kratzenden Kralle. Aber die Axt lag nicht mehr dort, und ich allein wusste, wo sie war: im Rosshaarpolster des Ledersessels, der beiseitegeräumt im Zimmer der Großeltern stand.

In der Nähe des Bahnhofs hatte ich Holz entdeckt, von dem kein andrer zu wissen schien: im Gehölz auf dem alten Wall, ein Weg führte hin. Mein Kompagnon, zehn Jahre alt wie ich, war bereit, mit mir das Holz nachhause zu holen. Dazu brauchten wir Leiterwagen, Fuchsschwanz und Axt.

Ich kam damit an den Wall, er erwartete mich. Wir zogen den Wagen gemeinsam in das Gehölz, Axt und Fuchsschwanz von Sackstoff bedeckt.
Es dauerte lange, bis Äste, Zweige und Stümpfe – die mächtig erschienen, solang ich von ihnen träumte – vom Baumstumpf gesägt und gehauen, im Wagen lagen, über der Axt und dem Fuchsschwanz, vom Sacktuch bedeckt. Kein Mensch schien etwas gehört und gesehn zu haben, die Dämmerung gab uns unheimlichen Schutz. Der Weg aus der Stadt, die Arnstädter Straße hinauf, mit dem Leiterwagen, mit Fuchsschwanz, Holz und Axt, immer weiter die Straße entlang im Dunkeln – wir blieben stehn, die Angst kam nachgekrochen, kroch in mich hinein und lachte, und lachte. Sie lachte laut wie der Fuchsschwanz mit seinen Zähnen, wie die Axt ins Holz schlug und widerhallte. Ich prüfte schnell den Inhalt des Leiterwagens, das Holz, den Fuchsschwanz, den Sackstoff – wo war die Axt. Noch mal mit heißen, mit

kalten, mit krallenden Fingern – die Axt war weg.
Der andere Holzdieb blieb mit dem Wagen allein an der Arnstädter Straße im Dunkeln. Ich rannte zurück zum Wall, auf den Wall hinauf, stolperte über brüchige Zweige, wühlte mit allen zehn Fingern im Buschwerk, im Dunkeln, die Axt war weg.
Der andere Holzdieb mit dem Leiterwagen stand allein an der Arnstädter Straße, als ich zurückkam. Angst stärker als Entsetzen stärker als Angst. Verschwitzt. Zerschmettert.
Ich sagte zu ihm. Ich bat: Sag, dass du die Axt verloren hast. Er sagte nichts, und ich wusste: Ich hatte die Axt verloren. Ich war es, der dem Großvater und allen andern, und den polnischen Witwen, dem Schuster zu sagen hatte: dass ich die Axt aus dem Sessel geholt, ich allein die Axt verloren hatte.
Alles wie immer: knurrende, lange Wut des alten Mannes, Jammer der Großmutter, bitterer Vorwurf der Mutter, meine

kleinen, ratlosen Brüder und Lucie, schweigend, die die Schuld mit mir zu teilen schien.

In der Zeit der Amerikaner, danach der Russen, zog monatelang eine Walze von Menschen durch Erfurt, die Arnstädter Straße hinauf und weiter nach Westen und Norden. Es waren Aussortierte des Kriegs und seines Weltuntergangs, Entlassene aus sowjetischen Lagern, heimkehrende Landser, die nicht mehr im Gleichschritt gehorchten, Irrläufer, die Zukunft und Herkunft verloren hatten, Krankheitsgeschlagene, verwahrloste Männer, die wussten – nicht wussten – und ahnten – nicht ahnten, was sie erwartete an der Stelle, die vor den Schlachtungen ihr Zuhause war. Kein Straßengespenst schien zu wissen, was ihm bevorstand. Sie liefen in Haufen, zufälligen Horden, langsam, schweigsam, murmelnd, grundlos lachend – ihr Lachen kam mir erschreckender vor als die lachenden Zähne der Totenköpfe. Sie krochen einzeln, an Stöcken, die steigende Straße hinauf. Sie kamen in verlodderten Uniformen, blutverkrusteten Mänteln, zertretenem Schuhwerk, als Schuh

oder Fußbehälter nicht mehr zu erkennen. Graue Milchbärte mit halbierten Beinen, fehlenden Händen, verstopften Augen. Verfallene, vergreiste Gesichter, unrasiert alle, mit armen Haaren und Bärten. Halbtotenschädel aus Schmerz, aus Pein, ausgebrannt, verschorft, verwüstet.
Zu viel für mich. Verzweiflung beim Anblick menschlichen Trümmerlebens. Mitleid-Wut und Mitleid-Tränen, Ohnmacht, *Unmacht*, tausendmal einzige Unmacht, unbezwingbare, brennende Hilflosigkeit. An dieser Stelle und an diesem Tag, an der Arnstädter Straße, machte der Schinder, den keiner kennt, seine Schläger auf mich aufmerksam: Zeigt ihm, na los – zeigt ihm, was los ist, er muss es wissen, er muss es glauben, und es soll für ihn nie genug sein. Ich nahm sechs Landser aufeinmal ins Haus der Großeltern mit. Als sie die Gesichter der Frauen sahen – Großmutter, Mutter, Lucie und die polnischen Witwen standen in Ratlosigkeit erstarrt vor den Männern –, die wollten sofort auf die Stra-

ße zurück, *nichts für ungut, trotzdem Dank,* Lucie wurde lebendig und hielt sie zurück. Der Tag war trocken und hell, gern blieben die Männer im Garten, warmes Wasser wurde in Eimern gebracht. Sie zogen Hemden und Schuhe aus, rasierten und wuschen sich, lagen im Gras, berichteten wenig und ruhten sich aus. Der Großvater brachte Tabak aus seinem verkrümelten Vorrat. Danach – es war mein Stolz für alle – kam eine Wanne gekochter Kartoffeln, die dampften. Lucie brachte die Fülle zu den Männern, ich trug hinaus, was an Messern und Tellern im Haus war. Es ging ihnen besser, als sie den Garten verließen. Einer verbeugte sich vor den Frauen, einer winkte. Ich brachte sie zurück auf die Piste nach Westen.

An jedem Tag machte der Schinder, den keiner gesehn hat, seine Schläger auf mich aufmerksam: Zeigt dem Bengel, na los – zeigt ihm, was los ist, er muss es wissen und glauben, und es soll für ihn nie genug sein.

Der Pfarrer Mebus rief, als der Winter kam, ein Fähnlein gottgläubiger Kinder zu sich ins Pfarrhaus. Die auferlegte Christenpflicht entsprach der Zeit und erschien normal: Zehn Kinder klingelten an hundert Häusern, baten um Spenden egal welcher Art: Handtücher, Socken, Wäsche, Apfelschnitz; Haarklammern, Tassen, halbe Bücher, alte Schuhe, uralte *Gartenlauben*, und trugen die *Tausendsachen* im Pfarrhaus zusammen. Meine Mutter verfügte: Da gehst du mit! Ich ging mit und brachte, was gegeben wurde, Dinge, Sachen, Zeug und Kram: Kuchenstücke, selbstgebacken, Winterobst aus Kellern und Speichern, Holzscheite, Brotscheiben; Kleingeld und Knöpfe; Zahnbürste, Zucker, ein einzelner Handschuh; Strohblumen, Kerzen, Zündholzschachteln. Zehn frohe, dann müde, dann fußlahme Bettelkinder sortierten die Milden Gaben der Bürgerhäuser und wurden beauftragt, sie ins *Stadtamt* zu bringen, das ungefähr mauerfest in den Trümmern stand, mit brettervernagelten Fenstern und brauchbaren Öfen. Ein vom Pfarrer spendierter kleiner Herd – ich wurde beauftragt, für Abzugsrohre zu sorgen – wurde im Leiterwagen zum Stadtamt gefahren und stand, da die Rohre fehlten, bis zum Ende des Winters im Vestibül.

Ich kannte das Haus vom Spielen und Vagabundieren und wollte nicht glauben, was ich sah: Es war bis unter das Dach überfüllt mit Menschen – wieviele? *Die passen in zehn Eisenbahnzüge – in dreißig Schiffe – in neunzig Kirchen!* Sie hockten auf verdrecktem Parkett, lagen auf Decken und halben Matratzen, lungerten vor den Toiletten herum, standen auf Treppenstufen und starrten ins Leere – Flüchtlinge, Landser, Obdachlose, *Filialen von Menschen* wie auf der Arnstädter Straße, Angetötete, Ausgekratzte, Kinder, Spielgespenster und alte Knochen, Elendgewohnte, überlebende Leben und Tode. Ich lief benommen zurück in das Großelternhaus, das mein ungeliebtes, gutes Zuhause war.

Während der Adventszeit wurden im Pfarrhaus herrliche alte Lieder eingeübt. Ein Kinderchor lernte den eigenen Stimmen vertrauen und gemeinsam singen. Der Chor war dazu bestimmt, im Stadtamt zu singen, am Weihnachtstag und an den folgenden Tagen des Altjahrs, wie Künstler aufzutreten vor 300 Menschen. Die Milden Gaben wurden von Helfern verpackt – Sternpapier-Päckchen mit hellen Bändern –, und die Chorsänger waren bestimmt, sie nach dem Gesang zu verteilen, für jeden im Haus war eine Freude da. Der Chor stand gedrängt im Treppenhaus, die Türen der Räume waren ausgehängt. Es erschienen Unbekannte, die hier nicht wohnten, in Feiertagskleidern mit Hut und Muff. Ich hatte Leute wie die seit Kriegsende nicht gesehn. Der Pfarrer begrüßte sie, hielt ihre Hände, wies mit großer Geste auf seinen Chor.

Ein Lied nach dem anderen wurde schön gesungen – *Weihnacht! Weihnacht!* – beseelte Gesichter, kopfschüttelnde Häupter, Tränen in offenen Augen, ersticktes

Schluchzen – es war den Choristen kaum möglich, die Stimme zu halten. Ich brachte mein musikalisches Soll und Haben entschlossen und mühsam an ein trockenes Ende. Der Pfarrer Mebus rief *Amen!* mit starker Stimme.

Es begann das Verteilen der Festgeschenke. Ich ging wie jeder, der gesungen hatte, zu den Behüteten des Asyls, stand vor geröteten Augen und hielt ein Geschenk hin. Es wurde mir freudig abgenommen, übereilt oder sanft vom schönen Papier befreit, und was zum Vorschein kam ergriffen betrachtet, als Eigentum begrüßt, in beiden Händen gehalten. Die Dankbarkeit hörte nicht auf, das peinigte mich, das Gerührtsein hörte nicht auf und wurde zur Last. Die Kinder der Weihnachtsgäste waren froh, verglichen ihre Geschenke und spielten damit.

Ein schönes Mädchen, klein oder groß wie ich, das beim Sammeln der Spenden beteiligt war, nicht weit entfernt von den Großeltern wohnte und im Pfarrhaus mitsang, war meine Freundin geworden, aber ich hatte kein Wort dafür. Ich brachte sie, wenn es dunkel wurde, zu ihrer Familie in ein fröhliches Haus, das am Rand der Kohlfelder in einem Garten stand. Wir liefen zusammen aus dem Stadt-Asyl, das aus allen Ritzen Licht auf die Trümmer warf – der späte Nachmittag war von Schneeluft grau –, und waren der Dämmerung wegen schnell unterwegs, gingen immer langsamer, meine Freundin weinte, ein Weinen schüttelte sie und wir blieben stehen – das Beruhigtwerden, das Schluchzen, das Taschentuch. Verlegenheit, wir standen am Rand eines Kohlfelds, dessen Weite im letzten Licht zu schimmern schien. Ich hob ein Blatt vom Kohlfeld, kann sein den Rest eines Kohlblatts, drückte das Stückchen in ihre feuchte Hand. Sie wollte wissen, was das sei, und ich sagte: es sei ein schönes Blatt für sie. Sie blickte mich an wie eine Frau, die alles zu wissen glaubt, zu glauben weiß. Wir gingen weiter zum Haus, in dem sie wohnte, sie stand allein im Schein eines Fensters. Ich drehte mich um und rannte weg.

Es ist möglich, dass wir zugrunde gehn, war ein Satz meiner Mutter, aber sie sprach ihn nicht vor den Kindern aus. An einem Herbstabend – die Beleuchtung fiel aus – lief ich das Treppenhaus hinunter zur Küche und hörte den halblauten Satz aus ihrer Stimme: Es ist möglich, dass wir zugrunde gehn. Auf dem Tisch, in Wachs befestigt, stand eine Kerze. Ihre Mutter und sie sortierten und zählten Kartoffeln, und die Großmutter brach in Gejammer aus: Ach Kind, warum musst du das immer wieder sagen: Das Leid der gütigen Matrone verschrumpfte zu einem Klagelaut, der in den Jahren des Nachkriegs derselbe blieb: Eselsklage aus Altfrauenmund, eintönig, furchtbar, herzzerfleischend. Wenn ich ihn hörte, wollte ich durch die Wand und weg aus dem Leben. Mein Bruder in seinen drei kleinen Jahren fing an zu brüllen, wenn er den Klagelaut hörte.

Das Hungern, allein und gemeinsam, wurde unentrinnbar, als die Lebensmittelkarten verschwunden waren. Das war am zweiten Tag des Monats und war ein Unglück, als sei die Arche Noah auseinander gebrochen. Die goldwerten Karten, unsere Lebenserlaubnis, waren von Mäusen verschleppt und gefressen, sie waren gestohlen worden, verlegt, versteckt, im Irrtum zerrissen, aus Zufall verheizt. Nach den Papieren wurde tagtäglich gesucht, sie wurden vermutet in allen Spalten und Ritzen, ich versuchte, sie aus Sesseln zu ziehn, aus Büchern zu schütteln. Die Verzweiflung blieb uns vier Wochen lang treu und nahm sich vor allem der Großmutter an.

Russinnen kamen zu uns ins Haus mit Säcken verdreckter Wäsche und brachten Brot, um uns zu bezahlen. Die Waschküche wurde nicht mehr benutzt, die Druckwelle einer Bombe hatte die Tür zerschmettert, das Fenster zerscherbt. Unterm Kessel wurde geheizt und von Lucie zweimal gewaschen, was die Wäsche russischer Familien war. Sie wurde zum Trocknen nach draußen gehängt – die Leine hing straff zwischen Küchenfenster und Birnbaum – und trocken von den Russinnen abgeholt. Es kam vor: Uns wurde ein zweites Brot gebracht, Kilo-Kommissbrot der Militärbäckerei. Es wurde eingeweicht und abgewaschen, mit Bürste in heißem Wasser geschrubbt und zum Trocknen in der Wohnung beiseitegestellt. Es kam auf den Tisch, sobald es getrocknet war. Der Großvater teilte es millimetergerecht, kerbte die Tagesration in die Kruste und aß die Krümel der Kerben auf.

Hamsterfahrten brachten uns wenig Glück. Wenn Lucie allein vom Land zurückkam, waren Korb und Rucksack zur Hälfte leer, sie konnte und wollte das nicht erklären. War meine Mutter mit ihr unterwegs, waren Körbe und Rucksäcke besser gefüllt, aber das genügte zum Sattwerden nicht. Der Mensch auf dem Land war zum harten Händler geworden, er verlangte für immer weniger immer mehr, ein Silberbesteck war für 20 Tomaten gut. Was von Razzia übrig in unseren Schubladen lag,

war ohne Wert im Geschäft mit der Raffgier des Bauern. Auf der letzten Hungertour war ich dabei. Der Besitzer großer Gärten war satt im Krieg und im Nachkrieg reich, immer reicher geworden. Er wies Lucie und mich an der Hoftür ab. Wir konnten gehn und brauchten nicht wiederzukommen.
Der Großvater war mit dem Hunger allein wie kein anderer, und Lucie wie keine allein mit sich selbst und dem Hunger. Ich war nicht allein mit dem Hunger, und klaute, was vorkam: Obst und Gemüse aus Gärten und Kohle aus Kellern, Brot und Konserven aus russischen Wagen, die vor den evakuierten Häusern parkten. Deutsche Frauen hatten den Satz erfunden: *Der Russe schießt nicht auf unsere Kinder.* Der Russe gab keine Antwort und schoss auf die Kinder. Einer, mit dem ich um russische Fahrzeuge strich, im Zwielicht eines Abends im Herbst, bekam neben mir einen Schuss verpasst, der schlug durch den linken Arm, und wir liefen weg, krochen ab-

seits und kein zweiter Schuss kam nach. Ich holte Leute aus dem nächsten Haus – es kam darauf an, dass sie Deutsche waren –, mein Kompagnon wurde ohnmächtig fortgeschafft. Mit dem unbedenklichen Stehlen war es vorbei.

Der Großvater war wie kein anderer allein mit dem Hunger. Er schlich in der Nacht in die Küche und ging ans Brot, brachte das eigene Taschenmesser mit; vertiefte die am Morgen geschnittenen Kerben, vertiefte die Kerben immer mehr und stopfte die Krümel in den Mund; schnitzte am Großen Brot und vertilgte die Krümel, immer größere Krümel des Brotes, dann halbe Scheiben. Er schnitt und schnitzte und verschlang, bis das Brot zuende geschnitzt und gegessen war. Er klappte das Messer zu und schlappte zurück in sein Bett. Brot, das Brot der Familie, war nicht mehr da. Das Brot war über Nacht nicht nachgewachsen, kein Krümel lag herum, keine Spur gab Auskunft. Fassungslose Gesichter, der folgende Tag war finster. Der Verdacht ging zwei Tage und Nächte frei durch das Haus und bedrückte alle. Bis die Großmutter bat, mit gebrochener Stimme: Ach Karl, nun sage doch, dass du es gewesen bist. Der alte Mann stand zitternd vom Tisch auf und lief aus dem Zimmer.

Am Abend des ersten Sankt-Martins-Tags nach dem Krieg fand auf dem Domplatz ein Fest für die Kinder statt. Ich wusste nicht, und kein Kind schien zu wissen, was passieren würde und was uns allen bevorstand. *Festbeginn nach Dunkelwerden* – Fest war ein Wort, das den Deutschen nicht mehr gehörte. Etwas Unerhörtes stand bevor, denn jedermensch war eingeladen – die Erwachsenen und alle Kinder –, sich mit Windlicht und Kerze, Laterne, Lampion auf der riesenhaften Steintreppe zu versammeln, die zum Dom und zur Kirche Sankt Severin aufstieg. Ich zerschnitt – wir zerschnitten, meine Brüder und ich – mit alter Schere Papier und Pappen, bekrakelten sie mit Stiften, in Großelternkoffern gefunden, und klebten mit Leimersatz aus Wasser und Mehl ein gedrungenes, krummes Gehäuse zusammen, mit Fenstern aus Buntpapier, offenem Dach und Boden aus Sperrholz, auf dem, im Schuh aus erkaltetem Wachs, eine Kerze stand, die in Goldfarben brannte. Das Gehäuse baumelte an

gebogenem Draht, der, befestigt mit Pflaster und Schnur, an einer Holzstange schwang. Wir trugen – die Brüder und ich in Begleitung Lucies – die Laterne zur Probe durchs Treppenhaus und hinaus in den Garten, um vom Herbstwind zu erfahren, was mit ihm und dem Licht geschah – Funkenspucker, Feuerspeier. Es kam darauf an, mit leichten, geübten Schritten das Flämmchen über der Kerze ruhig zu halten. Was war unser wanderndes Licht im grauen Mittag im Vergleich zu dem Flammenschein in der Frühwinternacht.
Der Tag war trocken, windstill, kalt. Meine Brüder zappelten durch das Haus, mich hatte die Hoffnung ungeduldig gemacht. Ich drängte zu früh, immer eiliger aus dem Haus, um den besten Platz auf der Treppe für uns zu erobern, *ganz oben, von wo aus man alles sieht.* Die Mutter und Lucie begleiteten uns. Der lange Hinweg zu Fuß, in Zwielicht Dämmerung Dunkel ging an Schwarzfensterhäusern, zerbombten Gärten vorbei. Immer mehr Leute, die Kerzen

und Lichtkästen trugen, kamen aus dunklen Straßen und Winkeln zusammen. Kann sein, dass das kleine Licht beschämt das hellere wahrnahm, der funkelnde Feuerkasten gelassen vorbeizog an einem, der ohne Kerze im Lichtschein der anderen ging. Stärker waren Erwartung und Feuereifer im gemeinsamen Drängen auf das Fest. Ich war zum ersten Mal Teil einer Menge Menschen, die nicht Zähnezeigen, Faust und Getrampel, sondern Durcheinander ohne Feindlichkeit war.

Auf dem weiten Platz unterm Dom war noch Raum genug, um gefahrlos drängelnd auf die Treppe zu kommen und hochzuklettern in die Nähe des Chors, der weit über mir im Dunkeln befestigt schien. An den Mauern flammte Widerschein ungezählter Kerzen. Wir verteidigten unseren Familienplatz auf der hohen Stufe und hörten, dass *Sitzen* und *Platzhaben* hier nicht vorgesehn sei. Der Stein war kalt, wir mussten stehn. Wer sich setzte, nahm zwei Stufen für sich in Anspruch, der Zweistufenplatz nahm einen Stehplatz weg, doch suchte kein Mensch einen Vorteil auf Kosten der anderen.

Der Platz unterm Domberg und seine Treppe waren unüberschaubar dicht mit Kindern besetzt. Immer mehr Lichter sprangen an, richteten sich in die Höhe und flammten hell, jede Kerze war einzig. Es war auf den Stufen immer kälter geworden. Die Kälte prickelte an den Beinen, doch waren Körper und Kleider nah zusammengerückt, dass die Kälte nicht durchkam. Sie verschwand in Mänteln, Röcken, Hosen und blieb auf Schenkeln und Knien ein flüchtiger Frost. Wir hatten an, was zum Anziehn für uns da war, nicht genug für den Stehplatz auf Stein im beginnenden Winter. Die Schuhe waren verbraucht, die Sohlen zertreten, die Wollsocken dünn. Einen, der Schuhe verschenkte, kannten wir nicht.

Das Summen und Schallen der Stimmen und ihr Lachen fielen in Augenblicken zusammen, es wurde still, alle Lichter brannten. Eine einzelne Stimme begann zu sprechen, ich sah nicht, woher sie kam und wem sie gehörte, verstand das Gesagte nicht, es ging verloren, aber der Verlust enttäuschte mich nicht. Nie wieder vermisste ich Rede und Reden, die mir im öffentlichen Raum entgingen. Was fehlte, war das Fest, es musste kommen.

Stille, die erfasste und festhielt, was da war – viele Kinder und Leute, unfassbar viel Licht. In diese Stille – sie hielt eine Weile an – fiel der erste metallene Klang der kleinsten Glocke. Das Domgeläut begann. Die zweite Glocke setzte ein, ihr Schall war langsamer, schwerer als das helle Schallspiel der ersten. Die dritte Glocke brachte das erste Dröhnen, die vierte den Donner, die nächste bebte hart in den Steinen der Treppe. Nach den Einschlägen immer schwererer Glocken schien der Dom mit dem Fels und der Treppe davongeflogen, im Getöse standen die Lichter der Kerzen still. Ich hatte das Domgeläut von fern gehört, im Steigerwald oben verlor sich sein

Widerhallen, hier war ich im Geläut wie in einem Gewitter, das Glockengewitter schlug zu und machte ein Ende mit mir. Von meinen zehn Jahren, von der Zeit aller anderen, schien nicht der stillste Notschrei übrig geblieben – es wurde im Nachkrieg mehr als im Krieg geweint. Es gab Kinder, die fingen zu weinen an. Andere blickten in das Licht ihrer Kerzen, hielten erwachsene Hände fest, standen in ihren kalten Schuhen, und ich glaubte zu wissen: Sie froren nicht.

In der ältesten, schwersten Glocke des Doms befand sich seit hunderten Jahren ein Riss, das wusste ich, seit wir in Erfurt wohnten, und hatte die Glocke noch nie gehört. Ihr Läuten war für die Zukunft eingeschränkt, sie wurde geschwungen an wenigen Tagen im Jahr, ich hörte sie im Abend des Martinstags, das grabtiefe, schwerste Gewummer in diesem Geläut, aus dem ihr Himmel-und-Höll-Schlag als Erster verschwand. Die Glocken setzten aus, wie sie eingesetzt hatten, das Geläut

wurde leichter, geringer, immer mehr hell, bis der Schlag der kleinsten Glocke allein in der Nachtluft verhallte.
Hunderte Kerzen waren heruntergebrannt, in Laternen und Fäusten der Kinder neu angesteckt, vielfarbenes Wachs war heruntergetropft und hing kalt an den Mänteln. Vor der Domwand fing einer zu singen an, von den Treppen unter uns kam dasselbe Singen. Immer mehr helle und dunkle Stimmen, Kinder- und Frauenkehlen, Altmännerbässe fielen von überall aus der Lichtflut ein. Lieder, die jeder zu kennen schien, anschwellende, abklingende, schöne Stimmen – was mir schön erschien, konnte Heulen und Schrillen sein. Von so viel Herrlichkeit hatte ich nichts gewusst, aus einem Stück & Glück, auf einem lichten Haufen. Ich vergaß nie, dass ich mit Tränen dastand und dass es mir gut ging mit den Tränen. Wenn ich mit Tränen in Krieg und Nachkrieg dastand, dann lieber wehrlos allein als unter Leuten, die gewöhnliche kalte Augen besaßen. Ein Klum-

pen Seele aus Eis war nicht in mir. Ohne Heulen und Wüten in mir war mein Atem nicht gut.
Wie man zusammenkam, ging man weg, mit leeren Laternen, wenige Kerzen brannten, verschwanden um eine Ecke, loschen aus. Die Luft war schwarz vom Rauch verlöschender Kerzen. Man sah sich nicht nach den anderen um. Wir gingen betäubt zurück in das Großelternhaus, der kleine Bruder wurde von Lucie getragen. Die Nacht nach dem Fest war die längste Nacht, der Schlaf nach dem Fest mein tiefster Schlaf. Sechs Jahre später schrieb ich die ersten Gedichte.

Russische Nacht voller Umtriebe und Geräusche, geisternde Unruhe draußen in Nähe und Ferne, die ich mir nicht als harmlos ausreden konnte. Etwas ging vor, das Dunkelheit brauchte, um geschehen zu können. Morgens sah ich mich um in der Umgebung des Hauses, fand aber nichts, was aus der Nacht noch da war. Straßenbeleuchtung gab es nicht.

Sperrstunde, Ausgehverbote in der Nacht, willkürlich anberaumt, vorzeitig beendet. Überraschender Ausmarsch von Militär, das Verlassen der Kaserne gegen Morgen drei Uhr. Sperrposten mit Maschinengewehren an den Kreuzungen und in Straßenzügen, durch die sich der Marsch ohne Licht und Stimmen bewegte. Sobald die Miliz vorbei war, verschwanden die Posten, kann sein, sie schlossen sich den Marschierenden an. Von der eigenen Schlaflosigkeit bemerkte ich nichts, ich hatte *schlaflose Nacht* im Krieg gelernt. Wenn ich vielfaches Stampfen und Gleichschritt hörte, war ich beruhigt und schlief wieder ein – die großen Haufen Sowjets kamen nicht in die Häuser, das uniformierte Marschieren bedrohte uns nicht. Das zog zu Manövern hinter den Steigerwald, kam drei Nächte später zurück ohne Stimmen und Licht. Angst machte der einzelne Mensch im Dunkeln, der Russe allein mit einem Stock, drei geräuschlos Gehende, Hände in den Taschen, drei gelangweilte Typen vor einem Haus, auf einer Straßenkreuzung, vor einer Garage, Pfotenklatschen rennender Hunde, Aufschrei von Vögeln. Ich wusste, es strichen Marodeure herum, Diebe mit Dietrichen, Knüppeln, Säcken, sie huschten und rannten durch die Gärten, kletterten über Zäune und blieben unsichtbar im Zwielicht. Eine Zeitlang überlegten wir, ob der Schuster im Haus Komplize von Gaunern sei, die Kellertür heimlich aufschließen könne, aber der Zweifel ging an uns allen vorbei. Zwischen der Nacht und mir waren Mauern und Türen, doch gab die Gewissheit mir keine Ruhe, wenn Gefühl von Ohn-

macht-Unmacht und Unheil mich wachhielt.
Der Schuster und seine Frau waren glücklose Leute, schleichäugig, ungesprächig, knurrende Hälse, auf ihren Fluchtwegen nirgends willkommen, von kalter Bitternis weitergetrieben. Zwei Kästen voll Werkzeug, auf den Rücken getragen, vier Taschen voll Kleidung und Brot, das war ihr Gepäck, so wurden sie am Wintertag einquartiert.
Sie standen nachts hinterm Vorhang am Fenster, als wir Kohlen im Leiterwagen zur Kellertür brachten, ich zog ihn, der Großvater ging hinterher. Ein Heizer der Russenkaserne war unser Geschäftsfreund, er kassierte den Smoking des gefallenen Onkels. Der Schuster belauerte uns am dunklen Fenster, und ich ahnte, dass er die Hälfte der Kohlen verlangte. Die Bemerkung der Frau, uns anzuzeigen, am nächsten Morgen durch den Türspalt geflüstert, warf den Großvater um und ins Bett, er blieb lange liegen.

Schlechter Schlaf in allen Zimmern des Hauses. Der Großvater hustete, schlappte laut auf den Treppen. Mein kleiner Bruder schlafwandelte mit dem Nachttopf. In allen Seelen rumorten jedermanns Ängste – Todesangst Krieg und Lebensangst Nachkrieg. Die Großmutter schleppte Unschuld und Leidgemurmel durch das kalte Haus in die Ankleidekammer, wo alte Garderoben wie Fahnen hingen, sommerleicht, überlebt, nicht mehr zuständig für den Tag, kein Wahrzeichen für die Frauen und keins für sie selbst.
Aus der Nacht, von nah und weit draußen, bei jedem Wetter, drangen Schreie ins Haus, die jeder hörte, der wach war, die keiner beantworten konnte und keiner vergaß – Vorrat der Schrecken unten im Labyrinth, die der Minotaurus im Finstern bewachte –, Rufe, Hilferufe, Gewimmer von Frauen und Männern, einzelnen Frauen, wie vielen Männern, und ich wusste nicht – und ich wusste –, was dort passierte. Widerhall aus hundert Höllen

Nacht, die kein Freund, kein Feind mir erklären wollte. Morgens lag ein Toter im Rinnstein, gestorben im Schlaf, verhungert, erschossen; lagen verrenkte Leiber im Rinnstein und lebten, lebten ungefähr weiter, vielleicht nicht mehr lange. Köpfe zwischen Steinen, Kleider im Schlamm, Beine in Schuhen unter Haufen Schutt.
Es kam eine Russenzeit, da verschwanden Menschen, immer mehr einzelne Leute, und kamen nicht wieder. Sie wurden bei Nacht aus ihren Betten, am Tag in Mänteln aus den Häusern geholt, von Razzia geschnappt und abgeführt, in Fahrzeuge reingeschoben und fort damit, dann wusste man nichts mehr. Im Hörensagen, das alles und nichts erfasste und in der Russenzeit ein Grundgeräusch war, in allen Stimmen und Hirnen ein Widerhall, Hydra mit schleifenden Köpfen und tropfenden Zungen – Bilder, die ich in alten Zeitschriften fand –, war die Rede von Arbeitskräften für die Sowjets, Männer, die ohne Adresse für immer verschwanden, im sowjetischen Hinterland, in

Gebirgen und Sümpfen, wo Fabriken, Camps, Versuchsanstalten in Schlechtwetter und Eis ohne Aussicht auf Leben versanken und kein Mensch je wieder ins Licht einer Zukunft hinaufkam. Ich hatte keinen der Abtransportierten gesehn, ihre Namen wurden nie genannt. Im schwirrenden Gerede, in trüben Legenden, verwackelte die Welt bis vors Großelternhaus, brach östlich von Erfurt auseinander in Sibirien und Meerwasser ohne Anfang und Ende, die an der Chinesischen Mauer als Schuttmassen angeschwemmt wurden.

Nach dem Verschwinden der Männer – von Frauen war nicht die Rede – kam eine Russenzeit, da verschwanden Kinder – wohin – und kamen nicht wieder. Ich hatte keins der verschwundenen Kinder gesehn, ihre Namen wurden nicht buchstabiert. In den Umgebungen, die ich kannte und wahrnahm, und in der Himmelspforte fehlte kein Kind, in den Straßen um die Veranda des Großelternhauses war jeder Mensch in seinem Loch am Leben, bloß die Männer, die Väter fehlten noch. Sie fehlten seit Menschengedenken und sieben Jahren, und die Kinder wussten nicht, wer und was ihnen fehlte.

Seitdem gesagt worden war, dass Kinder verschwanden, lief kein Kind mehr allein in die Gegend fort. Sie liefen in stolpernden, trödelnden Scharen über die Kohlfelder, auf den Wegen zur Schule, begleitet von Dienstmädchen aller Art und Herkunft, Müttern und Frauen, verkleidet und altgemauschelt, alten Männern und Onkeln ohne Gewähr. Ich ging morgens mit immer anderen zur Himmelspforte und mit ganz anderen zurück in die Straße, wo das Haus der Großeltern mir Gewissheit gab. Sie war trostlos, wie die Großeltern trostlos waren, grau wie der einzige alte Kürbis im Garten, ohne Hoffnung wie Himmel im Winter und morsches Holz.

In die russisch-sowjetische Nacht gehörte ein Offizier, der mit seiner Frau ein beschlagnahmtes Haus bewohnte, nicht weit von den Kohlfeldflächen am Steigerwald, in Spazierweg-Nachbarschaft des Großelternhauses. Er war ein eleganter, schöner Riese, Bilderbuch-Soldat und Vorzeige-Russe – schwarze Locken, fleckenlose Stiefel, Prachtuniform mit Bügelfalten und Orden. Er verfügte über ein singendes, weiches Deutsch und die Höflichkeit eines Chevaliers im Märchen, war Wodka- und Weintrinker ohne Hemmung, der sich in jeder Nacht betrank und besinnungslos randalierend am Morgen verschwand. Ich hörte: Der Mann verstand was von Kunst und Frauen, und außerdem, er war Jude aus Kiew. Mit ihm tranken Offiziere und Zivilisten, die am Abend mit wechselnden Frauen kamen. Wer nachts ein Fenster zum Wald hin offenließ, hörte Gelächter, Gesang und klirrendes, splitterndes Glas.

Die Frau des Offiziers erschien zierlich, biegsam, sehr jung, hatte fließendes, weißblondes Haar und war ein Wunder für mich. Konnte sie überhaupt eine Russin sein. Wenn sie ohne den Offizier ging, schien sie zu fliegen, ihre Schritte folgten einander flüchtig und flink, die hellen Schuhe wirbelten unter dem Mantel, die weißen Handschuhe huschten vor ihr durch die Luft. Sie lächelte hin an alles, was da war, sie lächelte mich an, weil ich ging, wo sie duftend vorbeiflog. Das in Trübsinn gepackte Großelternhaus verlor seine lähmende Aura, weil der Offizier mit seiner Königin da war. Ich hatte von früh an nur deutsches Dasein erfahren und war geblendet von Leichtsinn und Glanz. Da nie von Juden gesprochen wurde, war es leicht für mich, sie für Riesen zu halten, die schön gekleidet mit herrlichen Frauen spielten.

Wenn nachts der Offizier alleine trank, sich betrunken allein im Haus verirrte, lief seine Frau aus der Hintertür und verschwand in den Straßen. Immer mal wieder wurde erzählt, die Frau sei barfuß über das Kohlfeld geirrt und einer Patrouille nackt in die Arme gelaufen. Der Offizier war hinter ihr her, schrie und weinte und heulte nach ihr, fand sie im Dunkeln oder sie ließ sich fangen, er klappte sie zusammen als sei sie ein Parkstuhl, trug sie auf beiden Armen ins Haus zurück, ihre Haare hingen am Bauch des Riesen herunter. So sah ich sie hängen ein einziges Mal, als der Riese sie an der Veranda vorbeitrug, ihr Haar hing hell an seiner Schulter herunter. Ich wusste nicht, was hier passierte, und glaubte doch zu wissen – gesehn zu haben –, dass nicht Angst allein das Paar auseinanderriss, in derselben Nacht zusammentrieb. Ich wollte glauben, dass es ein Spiel und schön war.

An einem Morgen im Winter waren beide verschwunden. Das Haus stand verschlossen und leer, das zeigten die Fenster. *Sie haben es*, wurde gesagt, *zu weit getrieben.*

Ich war verwirrt, dann erstaunt und froh, dass der Offizier zu uns ins Haus kam, allein und nüchtern mit meiner Großmutter sprach. Die Großmutter konnte nur Deutsch, sie sprachen Deutsch. Wovon sie sprachen, blieb für mich im Dunkeln. Warum der Offizier kam, erfuhr ich nicht.

Wir waren gut dran, denn die Großeltern hatten ein Haus, das ohne Bombenschäden geblieben war. Man konnte uns evakuieren, doch nicht enteignen. Man konnte uns *Flöhe in die Pelze setzen* – Flüchtlinge einquartieren in unsere Zimmer –, doch blieb Raum für alle, die sich hier drängten, erträgliche Luft zu atmen, im Bett zu schlafen. Das wurde Lucie vorgehalten und mir gesagt. Es wurde zur Predigt, wenn es nicht weiterging.
Es gab immer noch Leute, die lebten von dem, was sie hatten. In der Schule saß ich mit Kindern zusammen, die bunte Hemden und glänzende Schuhe besaßen, wo kamen die Hemden und Schuhe her. Sie wurden zur Schule gebracht von schönen Frauen, nachhause geholt von Frauen, die Röcke und Stiefelchen trugen, während andere in Trainingshosen und Schürzen steckten. Lucie steckte in Schürzen und flatternden Fähnchen.
Wir lebten von dem, was wir hatten und uns beschafften, ich lebte davon, dass ich

zehn Jahre alt war. Ich spürte, die Zeit war etwas, das nicht verging. Jeder Tag begann und endete grau in grau. Ich saß in ihr fest, und sie hatte mit mir nichts vor. Falls der Russe mit mir etwas vorhatte, war es nichts Gutes, und schien nichts zu sein, was ich selber verlangte und hoffte – aber der Russe hatte mit mir nichts vor. Ich wusste nichts vom Bestürmen und Zaubern der Zukunft, sie war bedeutungslos wie ich selbst und die Zeit.
Ich sah und hörte die Sorgen der Erwachsenen, es schien mit mir selbst, wie mit allen Kindern, viel besser als mit ihnen bestellt zu sein. Da es nirgends neue Bücher und Bilder gab, alles Öffentliche sowjetisch bestimmt oder leer war; da Ideologie – ich spürte den eisigen Luftzug – die zerbrochenen Köpfe der Deutschen neu ausrichten sollte und die *braune* Vergangenheit ihr Ansatzpunkt war, verfiel, was lebendig sein sollte, in Stagnation. In der Privatheit, die schwer zu gewinnen war und zu oft ohne Ruhe und Heiterkeit blieb, kam der

Einzelne mit sich selber nur selten zusammen. Meine Mutter fand ihre Bücher der Kinderzeit wieder, mattbunte Bilderbogen der Kolonialzeit, wo der Neger vertölpelt, hirnlos, belehrungsbedürftig, eine unverschuldet beschränkte Erscheinung darstellte, von Bilderbuchzeichnern dem Affen gleichgestellt. Der *Kaffer* – Familienname des kolonialen Negers – ging mit seiner Horde aus auf Abenteuer – in einer Frühform des Comic mit wenig Sprache –, geriet in ein Bergwerk, eroberte eine Lore, sprang unbedacht kühn in einen eisernen Topf auf Rädern, raste *im Affenzahn* die Berge hinunter und verschwand kopfüber aus Bild und Buch.

Ich verstand, woher meine Mutter den *Kaffer* nahm, womit sie Leute bedachte, die ihr missfielen, und woher das Wortbild *im Affenzahn* stammte, das sinnlos schnelles Fahren als stolze Leistung hervorhob. Meine Mutter las wieder – die Großeltern lasen nichts –, was sie vor ihrem Studium gelesen hatte und seit ihrer Verlobung auf dem Speicher vergaß – die Karl-May-Romane ihres Bruders, und Sudermann, Geibel, Fontane, Courths-Maler und Miegel, und verschollene Verse, vorm Ersten Weltkrieg gesammelt, für eine unvergängliche deutsche Zeit.

Wir lebten von eigenen Ängsten und Sorgen, das Haus voller Sorgen war unsere Vorratskammer, und teilten die Sorgen der anderen von Tag zu Tag. Sorgen haben und teilen verband die Erwachsenen, während meine Sorgen den Briefmarken galt, die geordnet in breiten Alben steckten und deren Wert, wie ich glaubte, mit jedem Tag zunahm. Ich nahm sie bei Bombenalarm in den Keller mit, hielt sie später vor Razzia und Räubern im Bett versteckt. Ich spielte mit hunderten farbiger Zinnsoldaten – Indianern, Negern, Franzosen, Preußen –, baute zimmerweit erfundene Schlachtfelder auf – der Teppich wurde zurückgerollt, damit meine Soldateska fest auf Parkett stand –, gab der hölzernen Kugelbahn hölzerne Murmeln zu klickern und baute

Schlösser, Tempel, Hafenanlagen aus duftenden Holzbaukästen der Kaiserzeit.
Es gab im Haus der Großeltern eine Konstante, die Krieg und Nachkrieg, Kälte und Hitze, Entsetzen und Hunger ununterbrochen standhielt: Es war die Bridgepartie am Donnerstag, nachmittags pünktlich um 16 Uhr. Ich habe vergessen, ob Telefon im Haus war, auf welche Weise man sich verständigen konnte, ob man sich überhaupt zu verständigen brauchte, da Bridgepartie eisern für immer und ewig galt. Zwei ältere Ehepaare saßen am Tisch, man blätterte ausgesuchte Kärtchen hin, ich erfuhr nicht, was weiter in diesem Spiel passierte, und sah den Partnern ohne Verständnis zu. Die Großeltern wahrten Geheimnis und Hoheit des Bridgespiels, die Neugier galt den Spielern, sie erforderten keine Erklärung.
In der Sommerhitze – Hitze der Nachkriegssommer, die den Birnbaum, den Garten, die Buchsbaumhecke versengte – saßen die alten Männer in Hemden, die Ärmel mit Gummischnallen am Bizeps befes-

tigt, saßen die alten Damen in leichten Kleidern, schwarzen Blusen vergangener Trauerzeiten – saßen, spielten, tranken Tee – und häuften Karten, bis Bridge an ein Ende kam. Der Aufbruch im Flur war höflich, das Haus wurde langsam verlassen, die Großeltern blieben zurück in gemäßigtem Frohsinn, und Lucie wurde gerufen, den Tisch abzuräumen. In der Winterkälte – Eiszeit der Nachkriegszeit –, die das Haus in Erstarrung verpackte, mit *sibirischen Frösten* füllte, die Toilette einfrieren ließ, zwei Eimer Ersatz in den Baderaum stellte, und wir hörten Explosionen vom Friedhof her, die tiefgefrorene Erde wurde gesprengt, für die Vielen, die auf den Straßen zusammengebrochen, in durchkälteten Betten verendet waren. Im eisigen angeheizten Wohnzimmer-Winter saß die Herrschaft in Pullovern und Mänteln da, mit wollenen Handschuhen ohne Handschuhfinger, Hüte und Ohrenschützer auf den Köpfen, Shawls um die Hälse, als ob die Kälte ein Märchen aus Afrika sei.

Im Dezember 44 hatten wir – meine Mutter mit den drei kleinen Söhnen und Lucie – das zertrümmerte Freiburg verlassen. Die Bahnfahrt nach Erfurt, in wechselnden, langsamen Zügen, dauerte drei Tage und zwei Nächte. Der Zug kam nach Stuttgart im Augenblick, als ein Bombenangriff den Bahnhof belegte, wurde auf Nebengleise hinausgefahren, stand lange abseits, das Gepäck blieb in den Abteilen zurück, die Reisenden krochen und stürzten unter die Wagen und blieben am Leben. Die weitere Bahnfahrt ging durch Finsternis, mein Erinnern erhellt keinen Augenblick der Reise, Finsternis, der eigene Abgrund, zog sich hin ohne Zeitvergehen und Merkmal, bis irgendwann später irgendwo der Zug am verdunkelten Bahnsteig zum Stillstand kam.

Wenige Leute stiegen aus. Wer in Richtung Osten unterwegs war, lief in Meilenstiefeln der russischen Zukunft entgegen. Zwei schwarz gekleidete Leute erschienen im Dunkeln, riefen die Namen, winkten uns zu und umarmten, machten sich an Gepäck und Kindern zu schaffen – ich befand mich den Großeltern gegenüber, wir waren in Erfurt, hinter dem Großvater stand der Leiterwagen. Hier waren den Krieg lang nur einzelne Bomben gefallen. Der große Luftangriff kam in der nächsten Nacht.

Im Sommer 47 wurde mein Vater aus französischer Gefangenschaft nach Freiburg entlassen. Meine Brüder blieben den Großmüttern anvertraut, der eine in Erfurt, der andere im englischen Steinfeld. Lucie war schon lange und ohne Spur aus dem Haus und vielleicht aus Erfurt verschwunden. Meine Mutter wollte mit mir nach Freiburg zurück.

Reisen, das Wort hatte alle Bedeutung verloren. In den Monaten vor und nach dem Ende des Kriegs war Reisen ein Verschwinden in Trümmern der Alten Welt. Ich hörte: Züge verschwanden im Hinterland, wurden abgekoppelt, geplündert, von Schüssen zersiebt. Straßen waren blockiert von Schutt und Trichtern, vergrabene Minen schlugen hoch, Menschen und Fahrzeuge gingen in Flammen auf. Detonation flog aus allen Winkeln Europas. Der Mensch und was er besaß war für Willkür frei, wer lebend ankam, wusste nicht, wo er war. *Kein Mensch kann wissen, welchen Ort er erreicht, mit wem und wann und in welchem Zustand. Der Ort, den du aufgibst, ist nicht mehr da.*

Uns stand ein ungewisser Fluchtweg bevor. *Das illegale Verlassen der sowjetischen Zone*, Trampelpfad über die Grüne Grenze, durch das amerikanische in das französische Deutschland. Wir taumelten im Geflacker von Hörensagen – Gerüchte von Abschiebung und Verhaftung – Adressen, Empfehlungen, Warnungen ohne Gewähr – Namen von Orten, die zu umgehen waren – Kontrollstellen mit oder ohne Schlagbaum – Tag- und Nachtstunden mit oder ohne Razzia – Rücktransporte, Arrest, Verhör. Ungewissheit der letzten Tage in Erfurt und unsere Entschlossenheit: *Wir kommen durch.* Meine Mutter war allein schon mal durchgekommen, und allein aus Freiburg nach Erfurt zurück. Sie verschwand mit Kopfschmerz im Zimmer unter dem Dach.

Am Abend vor der Reise lagerte ein Haufen Packzeug im Flur. Die Klage der Großmutter hallte in allen Räumen. Der Großvater führte mich auf den Küchenbalkon, ich blieb dort ein paar Minuten mit ihm allein. Du wirst uns morgen mit deiner Mutter verlassen – das war, was die Stimme zu mir sagte, ich sagte ohne Bedauern *Ja.* Er zog seinen Geldbeutel aus der Tasche und aus ihm einen Geldschein – zehn Mark, zerknittert –, hielt ihn hin, ich nahm ihn und wusste, dass dieses Papier keinen Wert darstellte, noch weniger Wert für mich besaß. Freudlos machende Geschenke der Kindheit, ihre Liste wäre lang.
Am Morgen kam das Gepäck auf den Leiterwagen, der Großvater ging zum Bahnhof mit, den Wagen zog ich. Zwei Rucksä-

cke und vier Taschen, verschnürt wie Pakete, ich hatte die Last im Treppenhaus ausprobiert und die Mutter beruhigt, das ging ganz leicht, die Großmutter seufzte. Dass im Zug – *in der alten Eisenbahn* – viel Platz für uns war, schien ein glückliches Zeichen für den Reisetag. In meinem Rucksack, gut versteckt, wie ich hoffte, steckten drei Briefmarkenalben, in Wäsche gewickelt. Sie waren meine Sorge mehr als ich selbst, und mehr als meine Mutter, die sorglos sein wollte, sich uns zuliebe in gefasster Stimmung befand. Ich vertraute auf den Geldwert der Briefmarkenalben – meine Illusion hatte große Vermögen geschaffen –, aber wichtiger, größer, bedeutender waren die Bilder, die die Briefmarken vorführten mir allein, die ich nirgendwo sonst zu sehen bekam. Sie waren erste Ausblicke auf den Erdball, die einzigen in der russischen Zone, durch die Glanz & Glorie der Welt in den Nachkrieg hinabfiel – Schlüsselloch-Entdeckung von Menschengestalten, Palästen, Fabriken, Ozeanriesen, und

Krieg & Frieden mit Pferden und wallenden Roben. Ich besaß kolonial-afrikanische Miniaturen, deutsche Serien von Flugzeugen, Panzern, Soldaten, Königinnen aus Frankreich und Helden aus Großbritannien, Medaillons von Sportlern, Poeten, Potentaten – meine Ausstattung, mein Reichtum, mein Grundbestand –, ich nahm sie alle in die Zukunft mit.
Die Endstation warf uns aus dem Abteil und gab uns unser Gepäck zu tragen. Wir trugen es, schleppten es bald, durch eine kleine Landstadt, von einem steingefassten Gewässer geteilt, das auf beiden Seiten sowjetisch war. Eine krumme Brücke hing über dem flachen Wasser. Vor uns auf der Gegenseite, nicht weit im Land, fing der amerikanische Teil von Deutschland an. Da mussten wir hin, und vor uns war eine Brücke, deren Ende von Gruppen bewaffneter Russen verstellt war. Mit uns waren andere dorthin unterwegs. Man ging ungerührt und ohne Angst, wie es schien, auf die undurchlässige Sperre zu.

Stoj!
Der mit Packzeug schwer behangene Haufen blieb vor den bewaffneten Russen stehn. Sie kamen in Bewegung, griffen Leute heraus und führten sie in verschiedene Richtung ab. Einige verschwanden hinter Bäumen und Häusern, Gepäckstücke lagen auf der Brücke herum. Ich blieb in der Nähe meiner Mutter, unscre eiserne Regel galt: Wir bleiben zusammen. Der Briefmarken-Rucksack drückte auf meine Schultern, ich passte auf meinen Rucksack auf.
Ein Soldat ohne Waffe brachte uns in ein Gebäude, ich sah, die Türe wurde nicht verschlossen. Der Raum war eng, die Beleuchtung schwach, das einzige Fenster grau zugestrichen. Auf einer Pritsche vor der Mauer lag ein Mann mit blutigem Kopfverband, einen Arm gewinkelt auf dem Gesicht. Er hob den Arm, sah uns flüchtig an, dann lag der Arm wieder auf dem Gesicht. Am Fußende seiner Pritsche lag eine Dogge – ich wusste, was eine Dog-

ge war –, sie blickte uns an, bewegte sich nicht, blickte uns an. Wir hatten unser Gepäck auf den Boden gestellt, in den Zweimeterraum zwischen uns und die Dogge, saßen eng beeinander auf einem Stück Holz. Die Zeit verging, der Mann lag geräuschlos flach, die Dogge bewegte sich nicht, es passierte nichts. Meine Mutter stand auf, ging zur Tür und öffnete sie, der Mann und die Dogge blieben an ihrem Platz. Wir hoben unser Gepäck an, langsam, gingen langsam nach draußen und schlossen die Tür, kein Russe war zu sehn, es bewegte sich nichts. Wir gingen langsam, als wäre nichts, in einer schmalen Straße geradeaus, kein Russe hatte den Rucksack angefasst. Ich spürte jetzt, der Tag war hell und heiß.
Zufall war, was uns laufen ließ, immer weiterlaufen und nichts geschah. Der Mensch in meiner Nähe war meine Mutter. Ich hielt mich bewusstlos im Bereich ihrer Stimme, schien im Laufen zu schlafen, geschlafen zu haben, und wachte auf im hei-

ßen Geröll eines Bachbetts, das trocken von einem Berghang herunterkam. Im Geröll standen andere mit ihrem Gepäck – sie waren wie wir mit dem Zug gekommen –, ein Lotse war da und erklärte den Weg, jenseits des Bergs war amerikanische Zone. Man kletterte, rutschte, turnte das Bachbett hinauf, lief durch Unterholz, zuletzt in vertrocknetem Gras. Nichts auf dem Berg ließ eine Grenze erkennen, kein Amerikaner erschien, kein Russe stand dort. Schwer atmend stand man auf einem Sandweg, blickte auf eine alte Ortschaft hinunter. Der Lotse, im Voraus bezahlt, verschwand zurück in das Bachbett.

Wir verbrachten die Nacht im Rathaus der Gemeinde, mit Dutzenden anderer aus der sowjetischen Zone, auf Steinböden ausgestreckt, schlaflos, betäubt von Erschöpfung. Am Bahnhof – Endstation vor der russischen Grenze – wartete am Morgen eine Lokalbahn, sie war, als wir hinkamen, überfüllt. Kontrollen der Amerikaner standen bevor. Was war schon Kontrolle der

Amerikaner – Spielvergnügen, gute Erinnerung. Ich hockte allein auf dem Berg Gepäck, meine Mutter verschwand, wie die meisten, aus dem Zug und machte Spaziergang im heißen Hügelland draußen. Zwei GIs patrouillierten durch die Wagen, beschauten die Haufen Gepäck und das einzelne Kind, verließen den Wagen und verschwanden vom Bahnhof. Die Landpartie der Reisenden war vorbei, meine Mutter war wieder da, der Zug fuhr an und ich wusste: Wir hatten die Barriere geschafft. Die Hitze im Zug verflog aus geöffneten Fenstern. Die Erinnerung souffliert mir den Satz: *Der Junge da auf dem Rucksack war froh, der Kleine war glücklich* – und was ihm bevorstand, ahnte er nicht. Meine Mutter war froh und wusste, was ihr bevorstand.

Der Sommer war trocken wie keiner zuvor – Jahrhunderthitze, verdorrte Ernten. Ich sah, dass weit draußen am Horizont das Licht überm Erdboden schwarz war.

Envoi

Aus der Russischen Zone behielt ich einen guten, unverwüstlichen Virus zurück: Wissenwollen alles dessen, was russisch, slawisch, sowjetisch und östlich ist. Aus der anfänglichen Fremdheit der Russen – sie konnten als Besatzung nur fremd erscheinen – ergab sich für mich kein Befremdetsein oder Befürchten, keine Abwehr. Mit der Zeit vergingen Ängste und Vorurteil. Als ich, achtzehn Jahre alt, aus dem Freiburger Kepler-Gymnasium flog, hatte ich die russischen Erzähler des neunzehnten und zwanzigsten Jahrhunderts gelesen, auch wenig übersetzte wie Lesskow und Mamin-Sibiriak, und in meine Höhle fortgetragen, was in Stadtbibliothek und privaten Buchschränken zu entdecken war: älteste und neueste Übersetzung der klassischen und modernen slawischen Dichtung. Mein Vermögen an Unwissenheit verging langsam – davon merkte ich nichts – und beschämt mich heute nicht mehr, obwohl ich kein Meisterkenner wurde noch werden konnte. Was ich lange besaß und neu mir zu eigen machte, war genug, eine *Nachricht für Baratynski* zu schreiben. Dieser große Dichter und Freund Puschkins wurde immer mehr zum lebendigen Gegenüber und blieb es, die Grenzen meines Wissens brachten weder ihn noch mich in Verlegenheit.

Von 1947 bis 1953 war Freiburg mein von Familie und Schulpflicht festgesetztes Zuhause, in das jeder Ausbruch zurückführen musste, und das umgebende badische Oberland, wo Frankreich, Deutschland und Schweiz sich die Grenzen teilen – René Schickele hat diesen Reichtum *Die Himmlische Landschaft* genannt. Hier ist eine Mitte Europas, und ich wusste früh, dass sich der im Land Geborene und sein Lebensgefühl auf natürliche Weise nach Westen und Süden, nach Paris und Atlantik, nach Rom und Mittelmeer richten. Die Hinwendung in den Norden ist hier nicht selbstverständlich, noch weniger die Öffnung in den Osten hinein. Seit den Anfängen westlicher Welterfahrung erschien der Osten fremd, dunkel, erschreckend und feindlich. Dort befanden sich die sarmatischen und die skythischen Räume, dort war der asiatische Weltrand des gewaltigen russischen Reichs, von dort kam die Horde und der Barbar.

Hier gedeiht das Vollkommene nicht,
hier bändigt niemand zu edlem Maß das Ungebärdige,
und das Dunkle ist wie vor der Schöpfung
ungeschieden vom Hellen.

Nach Krieg und Schrecken der deutschen Kindheit wurde es für mich selbstverständlich, in alle Richtungen der Windrose zu leben. Ich lernte, vorbereitet durch *Russische Zone*, die Sowjetunion und Russland kennen. Dass es mir nicht möglich war, die russische Sprache noch einmal zu lernen, blieb ein Versäumnis.
Als ich in den Anfängen meiner russischen

Neugierden steckte, besuchte ich erstmals Paul Celan in Paris, rue de Longchamp. Er war siebenunddreißig Jahre alt und ich zweiundzwanzig. Er befragte mich, ich gab zögernd Auskunft und erwähnte die russische Dichtung. Etwas Erstaunliches geschah. Paul Celan holte einen schweren Stapel beschrifteten Papiers aus einer Ecke seines Zimmers, gab ihn mir in beide Hände, zog einen Stuhl zu sich, saß dann nah gegenüber und bewachte streng seine Manuskripte und mich. Ich begann zu blättern, seine heftige, schrille Stimme unterbrach mich: *Nein! Nein! So geht das nicht!* Er verlangte seine Papiere zurück, ich hielt sie fest und versuchte, ihm deutlich zu machen, dass es doch notwendig sei, einen ersten Eindruck zu gewinnen von dem, was ich mit beiden Händen festhielt. Er beruhigte sich sofort, ließ aber sein Manuskript und mich keinen Augenblick aus den Augen. Der Packen Papier enthielt handschriftliche und maschinegeschriebene Übersetzungen der Gedichte Jessenins,

Bloks und Mandelstams. Dann konnte ich blättern, fragen und lesen, solang ich wollte. Paul Celan erschien angreifbar, überreizt, erschöpft. Das war – ich wusste es noch nicht – in der ersten Zeit seines Verfolgtseins durch Claire Goll. Offenbar war die russische Dichtung ein Grund, in mir einen *Verbündeten gegen das Gröbste* zu sehen.

Erfurt sah ich wieder an einem Regentag, ein paar Wochen nach dem Ende der DDR. In vier Jahrzehnten schien hier nicht viel vorgefallen zu sein. Die Arnstädter Straße war unverändert, Schuhfabrik, Schützenhaus, Stadion waren dieselben. Das Haus meiner Großeltern stand alt geworden, farblos braun, von fremden Leuten bewohnt, ohne Merkmale von Lebendigkeit. Das Innere Erfurts glich einer Kleinstadt in der Provinz. Deutlicher als Fassaden und Plattenbauten der DDR-Zeit nahm ich das alte Holz in den Höfen wahr. Hinterhof-Areale, verbraucht und dunkel, aus Holz gebaut. Altbauten überall, beschädigte Leitern und Treppen aus Holz, ausgetretene Holzböden, Zäune mit fehlenden Latten und faulenden Brettern. Holzstöße unter Blech, Verschläge, Garagen und Schuppen mit Vorhängeschlössern, verrammelte Tore ohne Klinken. Ein leerer Gastraum voller Stühle, Bänke und Tische aus schwerem Holz. Und ich wusste nicht, was die Menge alten Holzes so erschütternd für mich machte –

Erinnerungen
und andere Versionen des Lebens

Christoph Meckel
Wohl denen die gelebt
Erinnerung an Marie Luise Kaschnitz
Mit Graphiken des Autors
64 S., fadengeheftet, Klappenbroschur
ISBN 978-3-905707-20-5

Christoph Meckel
Hier wird Gold gewaschen
Erinnerung an Peter Huchel
Mit Graphiken des Autors
80 S., fadengeheftet, Klappenbroschur
ISBN 978-3-905707-38-0

Jochen Greven
Robert Walser – ein Außenseiter wird zum Klassiker
Abenteuer einer Wiederentdeckung
296 S., broschiert, mit einem Umschlagmotiv von
Jan Peter Tripp
ISBN 978-3-909081-39-4

Yasmina Reza
Ihre Version des Spiels
Schauspiel. Aus dem Französischen von
Frank Heibert und Hinrich Schmidt-Henkel
88 S., büttenkartoniert
ISBN 978-3-905707-46-5

www.libelle.ch
Libelle • Postfach 10 05 24 • 78405 Konstanz

Erinnertes Leben
von Berlin, New York, Freiburg und Wien aus

Werner Otto von Hentig
Aber das Bild soll Euch bleiben
Ein Weihnachtsbrief von Werner Otto von Hentig
an seine Kinder aus dem Jahr 1943 und
Ein Brief von Hartmut von Hentig an den Verleger
80 S., broschiert • ISBN 978-3-905707-41-0

Käthe Vordtriede
»Mir ist es noch wie ein Traum,
dass mir diese abenteuerliche Flucht gelang ...«
Briefe nach 1933 aus Freiburg i. Br., Frauenfeld und New York
an ihren Sohn Werner
Hrsg. von Manfred Bosch
400 S., gebunden • ISBN 978-3-909081-10-3

Werner Vordtriede
Das verlassene Haus
Tagebuch aus dem amerikanischen Exil 1938–1947
Mit einem Nachwort von Dieter Borchmeyer
496 S., gebunden • ISBN 978-3-909081-92-9

Ilse Helbich
Schwalbenschrift
Ein Leben von Wien aus. Roman
2. Aufl., 240 S., gebunden • ISBN 978-3-909081-96-7

Einige kundige Leser
werden das auf S. 103 zitierte Gedicht erkannt haben,
für den größeren Rest
– auch die Verlegerei musste erst nachfragen –
sei nachgereicht, dass es sich um
»Oder, mein Fluss« von Günter Eich handelt.
Was uns Gelegenheit gibt, aufs Gewebe der bisher erschienenen
»Erinnerung«-Bände von Christoph Meckel hinzuweisen.
Günter Eichs Name taucht im Gespräch mit
Marie Luise Kaschnitz bereits auf (»Wohl denen die gelebt.
Erinnerung an Marie Luise Kaschnitz«, S. 12)
und öfter noch – wo von der Freundschaft zwischen Peter Huchel,
Eberhard Meckel und Günter Eich die Rede ist –
in »Hier wird Gold gewaschen. Erinnerung an Peter Huchel«.

Und insgeheim hoffen wir nun,
da im »Envoi« schon eine Szene aus Paris erzählt wird,
dass Christoph Meckel weitere Kundschaftergänge
in den Erinnerungsstoff seiner Pariser Zeit unternimmt …

Buchgestaltung: Phlox-Art
Umschlag unter Verwendung einer Graphik des Autors
Gedruckt und gebunden bei Pustet in Regensburg

Erste Auflage Juli 2011

ISBN 978-3-905707-47-2